Titel: layout + typographie
Foto: layout + typographie

Liebe Leserin, lieber Leser!

Geschichtsunterricht soll Spaß machen und anregen. Das geht am besten spielerisch und durch das aktive und entdeckende Handeln der Schülerinnen und Schüler. Auch der Wettbewerbscharakter, der vielen Spielen innewohnt, ist ein guter Motivationsfaktor für die Lernenden. Und: Vertretungsstunden sind immer wieder an der Tagesordnung. Hierfür interessantes und passendes Material parat zu haben, ist für die gut sortierte Lehrerhand ein Muss.
Dem großen Interesse an unseren vergriffenen Ausgaben zu Spielen und Vertretungsstunden kommen wir mit der Zusammenstellung dieses Sammelbandes nach. Sie finden hier die besten Spiele aus Praxis Geschichte für Ihren Geschichtsunterricht, ergänzt um ein neues Spiel zum antiken Olympia sowie eine Auswahl sinnvoller Arrangements für Vertretungsstunden. Gutes Unterrichten damit und viel Spielfreude bei Ihren Schülern!

Ihr Florian Cebulla
Redaktion Praxis Geschichte
www.praxisgeschichte.de

Inhalt

SPIELE

Inhalt

VERTRETUNGSSTUNDEN

www.praxisgeschichte.de

Leben im alten Ägypten

Ein Ereignisspiel

Friedhelm Heitmann

Spielerzahl

ab 2 Personen (möglichst 2 - 6 Personen)

Spielmaterialien

- Ein Spielplan (der vorliegende Spielplan sollte mittels Fotokopierer auf DIN-A3-Format vergrößert werden)
- Ein Satz Ereigniskarten
- Ein Würfel
- Je Spieler ein verschiedenfarbiger Spielstein

Spielregeln

Die Teilnehmer werden spielerisch mit Lebensereignissen konfrontiert, wie sie im alten Ägypten für Menschen - insbesondere aus unteren Gesellschaftsschichten - üblich waren oder doch im Bereich des Möglichen lagen.

Nachdem jeder Spieler seinen Spielstein auf dem Spielplan am „Startfeld", das gleichzeitig auch das „Zielfeld" ist, aufgestellt hat, kann das Spiel beginnen.

Vorschlag: Derjenige Spieler, der als nächster Geburtstag hat, darf anfangen.

Im Verlauf des Spiels sind die Spieler wechselweise an der Reihe, einmal zu würfeln. Die dabei erreichte Punktzahl bestimmt, um wie viele Felder der jeweilige Spieler auf dem Spielplan im Uhrzeigersinn vorrücken darf. Trifft ein Spieler am Ende seines Spielzuges direkt auf ein „Ereignisfeld", ist dasjenige zu befolgen, was auf der mit dem „Ereignisfeld" gekoppelten Spielkarte vermerkt ist. Der Text dieser Ereigniskarte wird jeweils von einem Spieler bzw. von einem neutralen Spielleiter (z. B. Lehrer) laut vorgelesen. Wenn der an der Reihe befindliche Spieler „Würfelglück" hat, kann er danach seinen Stein in Richtung Ziel vorrücken. Hat der Spieler „Würfelpech", geht es zurück.
Übrigens: auf jedem Feld des Spielplans dürfen gleichzeitig mehrere Spielsteine stehen.

Abb. 1: Getreideernte in Ägypten; Grabrelief 14. Jh. v. Chr. Foto: akg-images

Spielsieg

Gewonnen hat, wer mit seinem Spielstein als erster Spieler die Ziellinie überschreitet und damit in seiner Rolle als „alter Ägypter" am meisten „Lebensglück" gehabt hat.

Spielvariationen

- Das „Zielfeld" muss per Würfelergebnis genau erreicht werden.
- Sieger wird, wer auf dem Spielplan als Erster zwei „Runden" beendet.
- Die bisherigen Ereigniskarten und evtl. auch die „Ereignisfelder" werden durch andere Karten/Felder ergänzt bzw. ersetzt. So lassen sich in das Spiel solche Ereigniskarten aufnehmen, die z. B. die Frauenrolle im alten Ägypten widerspiegeln.
- Denkbar ist auch, daß ein „Ereignisfeld" zum „Todesfeld" erklärt wird. Etwaiger Text der Ereigniskarte: „Du stirbst... Da die alten Ägypter an ein Leben nach dem Tod glaub(t)en, kannst du vom ‚Startfeld' aus erneut beginnen, wenn du eine 4, 5 oder 6 würfelst" (kann nach eigenen Vorstellungen verändert werden).
- Die Spielidee wird auf eine andere historische Thematik (z.B. „Aus dem Alltagsleben im alten Griechenland") übertragen.
- Das Spiel kann ohne Ereigniskarten bestritten werden. Auf der freien Innenfläche eines Blanko-Spielplans wird notiert, was auf den festzulegenden „Ereignisfeldern" geschehen soll. Natürlich wirkt der Spielplan optisch besser, wenn er z. B. durch selbst gezeichnete Bilder oder mittels aus Büchern und Zeitschriften entnommenen Illustrationen „aufgelockert" wird.

WEITERE VOM AUTOR ENTWICKELTE LERNSPIELE

Heitmann, F.: Historix & Co. 30 Geschichtsspiele für Klasse 6–13. Lichtenau ^{3}1994 (AOL-Verlag)
Ders.: Die Würfel sind gefallen – Lernspiele Geschichte. Mülheim/Ruhr 1994 (Verlag an der Ruhr)
Ders.: Lernspiele Geschichte – Antike und Vorgeschichte. Mülheim/Ruhr 1996 (Verlag an der Ruhr)

Abb. 2: Gießen von Bronze; ägyptische Grabzeichnung Quelle: Weltgeschichte, Bd. 1. Berlin 1961

Feld Nr. 3 und 4:

Aufgrund großer Tapferkeit im Krieg wirst du ausgezeichnet und bekommst eine kleine Fläche fruchtbares Land geschenkt.

Sofort noch einmal würfeln!

Feld Nr. 8 und 9:

Da du dich vor einem (höheren) Beamten nicht niedergekniet hast, wirst du vor Gericht zu 50 Peitschenhieben verurteilt.

Wenn du sofort eine 5 oder 6 würfelst, darfst du bleiben, wo du bist, sonst musst du 3 Felder zurück!

Feld Nr. 11:

Von feindlichen Soldaten wird dein aus Papyrus und Schlamm errichtetes Haus niedergebrannt, so dass du Zeit und Material benötigst, dir ein neues Heim zu bauen.

Wenn du es schaffst, sogleich eine 4, 5 oder 6 zu würfeln, darfst du 2 Felder vorrücken. Falls dir das nicht gelingt, musst du 4 Felder zurück!

Feld Nr. 13 und 14:

Du bist sehr fleißig, hast eine gute Ernte und treibst Handel mit Getreide, Bohnen und Linsen.

7 Felder vorwärts!

Feld Nr. 17:

Ein Steuereintreiber des Pharaos verlangt von dir erhöhte Abgaben (Getreide und Vieh).

Würfle bei drei sofortigen Versuchen eine 6, dann kannst du auf deinem bisherigen Feld bleiben. Ansonsten musst du 7 Felder zurück!

Feld Nr. 18 und 19:

Du erfindest einen verbesserten Pflug, der die Bearbeitung des Erdbodens erleichtert.

3 Felder vorwärts!

Feld Nr. 23:

Mäuse, Heuschrecken und Vögel fallen über die Ernte her. Du und deine Familie haben unter großer Hungersnot zu leiden.

Warte, bis alle Spieler vorbeigerückt sind!

Feld Nr. 25 und 26:

Wegen Betrugs – du hast in der Hochwasserzeit des Nils Grenzsteine versetzt, um zum Nachteil eines Nachbarn dein Feld zu vergrößern – musst du ins Gefängnis.

10 Felder zurück!

Feld Nr. 30 und 31:

Im Dorf gewinnst du besonders durch deine Bescheidenheit und Hilfsbereitschaft an Ansehen.

7 Felder vorwärts!

Feld Nr. 33:

Zusammen mit deinen Nachbarn und anderen Personen baust du einen höheren Damm, um Land vor Überflutungen zu schützen.

5 Felder vorwärts!

Feld Nr. 35 und 36:

Verwundet kommst du aus einem Krieg zurück. Du musst deine Verwundung auskurieren.

1 Runde aussetzen!

Feld Nr. 39:

Durch die Heirat gewinnst du an Ruhm und Ehre. Du bekommst einen gesunden Sohn.

6 Felder vorwärts!

Feld Nr. 40:

Du lässt dich scheiden und musst Unterhalt leisten.

3 Felder zurück!

Feld Nr. 43 und 44:

Du entwickelst dich zu einem geschickten Fischer. Im Nil fängst du viele Fische, womit du dich und deine Familie gut ernähren kannst.

Sofort noch einmal würfeln!

Feld Nr. 47 und 48:

Durch eine Seuche sterben deine fünf Ziegen, die dir und deiner Familie Milch lieferten.

2 Felder zurück!

Feld Nr. 50:

Du führst ein unsolides Leben, indem du zu viel Alkohol trinkst, und bekommst gesundheitliche Probleme.

1 Runde aussetzen!

Feld Nr. 52:

Du findest beim Reisen durch das Gebirge einen Goldklumpen im Wert von 50 Sack Mehl.

Rücke um so viele Felder vor, wie dein Vorname Buchstaben hat!

Feld Nr. 53:

Du bemühst dich, Schriftzeichen (Hieroglyphen) zu erlernen. Ein Schreiber hilft dir dabei, Fortschritte zu machen.

Der soeben erfolgte Wurf zählt doppelt!

Feld Nr. 56 und 57:

Auf Befehl eines Wesirs, der im Auftrag des Pharaos handelt, hast du drei Monate lang beim Bau einer Pyramide schwer zu arbeiten und kannst zu Hause keine Feldarbeit verrichten.

5 Felder zurück!

Feld Nr. 59:

Dir gelingt es, die gefährlichen Krokodile aus den benachbarten Sümpfen zu vertreiben.

2 Felder vorwärts!

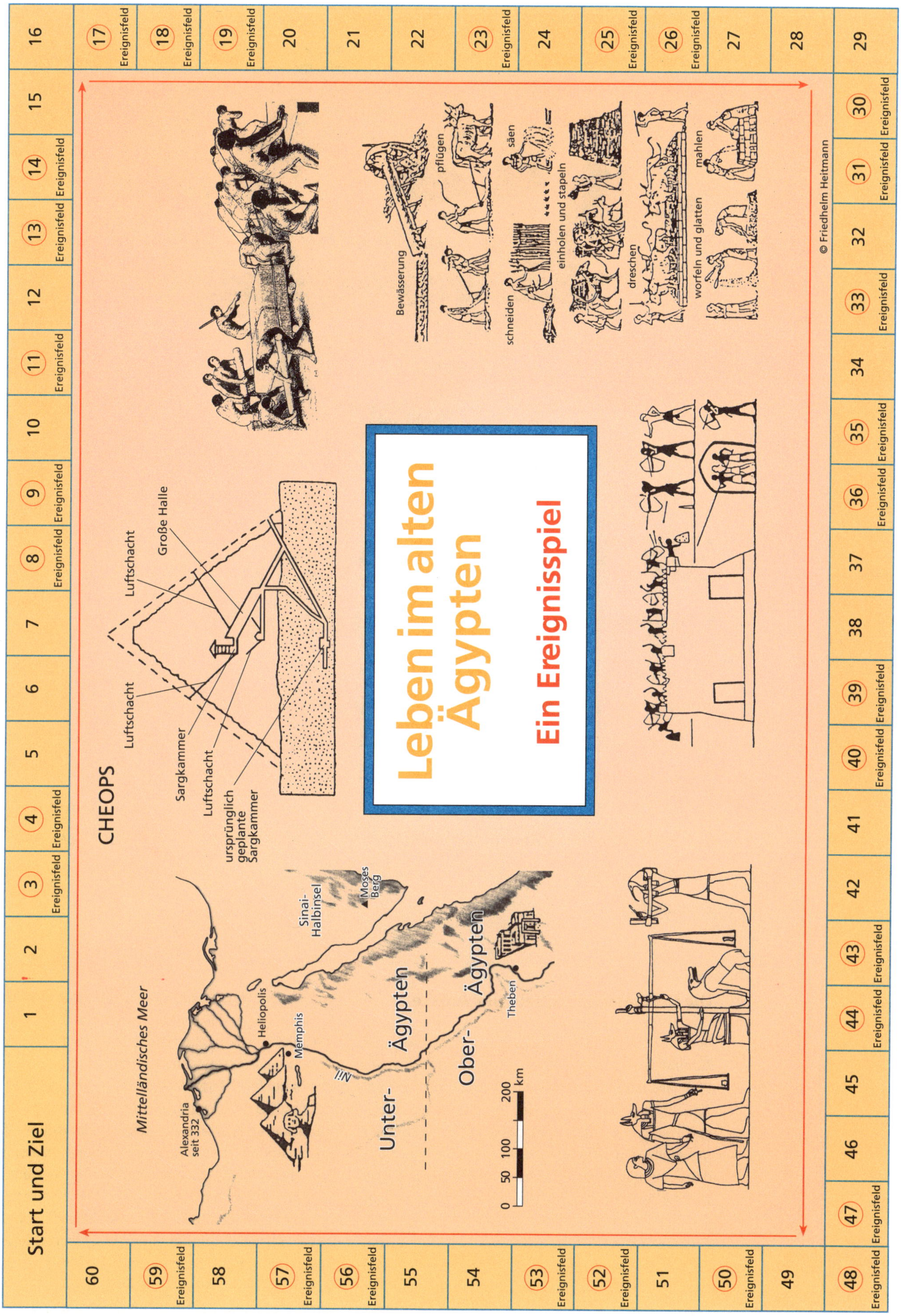

Quellen: Westermann Schulbuchverlag (Karte, Pyramide); AKG (schleppende Arbeiter); Simonsen/Schmidt/Kaiser, Vom Schicksalsweg des deutschen Volkes, Heft 1. Matthiesen Verlag, Husum o.J. (Landwirtschaft); Weltgeschichte, Bd. 1. Deutscher Verlag der Wissenschaften, Berlin 1961 (Kampfszene); Zeichnung von B. Askani nach British Museum, London (Waage)

Abb. 1:
An den Olympiaden der Antike lassen sich wesentliche Elemente der griechischen Politik, Kultur und Religion festmachen. Ringkampf als Wettbewerb bei den antiken Olympischen Spielen. Rotfigurige Schale, Griechenland um 500–475 v. Chr.
Foto: bpk/The Trustees of the British Museum

Stärker, schneller, weiter

Die Olympischen Spiele der Antike im Lernspiel

Die Behandlung der Olympischen Spiele im Rahmen einer Unterrichtsreihe zum antiken Griechenland zählt zu den Lehrplanklassikern. Als Relikt der Vergangenheit, das bis in die Gegenwart reicht, sind Olympiaden ein Themengebiet, das Kinder in besonderer Weise zum historischen Lernen motiviert. Schülerinnen und Schüler (Klasse 5/6) erarbeiten in diesem handlungsorientierten Unterrichtsspiel wesentliche Informationen zu den Spielen in der Antike und zu Gesellschaft, Religion, Politik und Kultur in der antiken griechischen Welt.

Loreen Heier

Die Olympischen Spiele der Antike

Von 776 v. Chr. bis 395 v. Chr. strömten alle vier Jahre Zehntausende Bürger aus der gesamten griechischen Welt (aus benachbarten Stadtstaaten und sogar entfernten Kolonien wie Spanien und Afrika) zum Kultfest nach Olympia. Neben den Pythischen Spielen in Delphi, den Isthmischen Spielen in Korinth und den Spielen in Nemea stellten die Olympischen Spiele die ältesten der panhellenischen Sportfeste dar. Um sicherzustellen, dass Athleten und Wallfahrer gefahrlos nach Olympia reisen und sich dort aufhalten konnten, wurde für die Dauer der Spiele ein Waffenstillstand zwischen den griechischen Staaten erklärt.

Die Olympische Feier dauerte fünf Tage und wurde zu Ehren des Zeus von Olympia veranstaltet. Im Mittelpunkt der heiligen Stätte von Olympia befand sich der Zeustempel mit einer 13 Meter hohen Goldelfenbein-Statue des Gottes. In antiker Überzeugung verlieh Zeus den Athleten die Kraft und körperliche Ausdauer, die ihnen eine Teilnahme an den Spielen ermöglichte. Mit der Vergrößerung des Sakralgeländes um 700 v. Chr. aufgrund des stark angestiegenen Zustroms an Festteilnehmern wurden weitere Wettkampfstätten, wie Stadion und Hippodrom, errichtet. In den ersten 50 Jahren war der Stadion- beziehungsweise Streckenlauf die älteste und einzige Disziplin der Olympiaden. Nach und nach wurden weitere gymnastische Wettkämpfe sowie schwerathletische Disziplinen, Fünfkampf, Pferde- und Wagenrennen in das Wettkampfprogramm aufgenommen. Der Sieger der Spiele erhielt einen Kranz vom heiligen Ölbaum, der der Überlieferung nach ursprünglich von Herakles gepflanzt worden war, sowie Ruhm, Ehre und Privilegien in seiner Heimatpolis.

Konzeption des Lernspiels

Um den Themenkomplex in einem Lernspiel aufzuarbeiten, ist eine zielgerichtete inhaltliche Reduktion notwendig. Die Schülerinnen und Schüler sollen sich mit Hilfe des Spielarrangements wesentliche Informationen zur Entstehung der Olympischen Spiele, ihrer religiösen Funktion, Durchführung und zum Siegerkult erarbeiten. Um die Übersichtlichkeit auf dem Spielfeld zu wahren und Sachverhalte bedeutungsvoll miteinander zu verbinden, werden fünf thematische Kategorien (Politik, Ereignisse, Religion, Gesellschaft, Kultur) bearbeitet. Die Lernenden erfassen während der Durchführung des Lernspiels die zuvor noch unbekannten Themen: Waffenstillstand, Teilnahmebedingungen, Reglement, Vorbereitung der Athleten, Olympischer Eid, Bedeutung des Sports für die Griechen, Rahmenprogramm, Hygiene und Siegerkult.

Das Spielfeld bildet neben religiösen und profanen Monumenten antike Sportanlagen ab. Die Bildmitte vor dem Kronos-Hügel zeigt den „heiligen Bezirk" von Olympia mit den Tempelanlagen, den von griechischen Kolonien errichteten Schatzhäusern und dem Aschenaltar (Zeusaltar). Auf der rechten Seite befindet sich das Stadion, südlich die Pferderennbahn. Vor dem Rathaus legten Athleten, Verwandte, Trainer und Kampfrichter zu Beginn der Spiele den Eid ab. Die linke Seite zeigt den Trainingsplatz der Fünfkämpfer, die Ringkampfstätte für Kampfsporttraining und Sprungwettbewerbe, die Werkstatt des Phidias sowie das Gästehaus für offizielle Besucher.

Die Vorteile eines Lernspiels zu den Olympischen Spielen der Antike liegen auf der Hand: Die Eigenaktivität der Schüler wird gestärkt, sich neuen Inhalt selbst zu erschließen. Die Mischung aus Wettkampfcharakter, spielerischer Spannung und Kooperation wirkt aktivierend und motivierend. Die Schüler sind auf die Informationen der Teammitglieder angewiesen, was die Kommunikationsfähigkeit fördert. Das Spiel ermöglicht ein ganzheitliches Lernen mit Kopf, Herz und Hand und stellt durch einen kooperativen Spielansatz einen Beitrag zur Überwindung egozentrischer Verhaltensweisen dar. Die Aufarbeitung in Kategorien soll der Erschließung und Vernetzung neuer Wissensbereiche dienen; die inhaltsorientierten Fragen fördern ein intensives Lesen.

Spielverlauf

Der Spielverlauf ist so angelegt, dass die Spieler eines Teams gemeinsam über das Olympische Spielfeld gehen, sich wesentliche Informationen zu den Olympischen Spielen aus kurzen Darstellungstexten erarbeiten (kognitiv), sich zugleich handelnd mit den Mitspielern und dem Spielobjekt auseinandersetzen und ihre soziale Kompetenz erweitern (affektiv). Die Schüler werden befähigt, die Darstellungen intensiv zu lesen und wichtige Informationen für den folgenden Unterricht nutzbar zu machen. Ein Aufgreifen der Themen aus vorangegangenen Stunden wendet das Gelernte an und verknüpft das Neue mit dem Bekannten (Elaborierung).

Um übersteigerte Konkurrenzszenarien zu vermeiden, wurde eine Mischung aus Win-win-Spiel, in dem die Spieler für den Sieg zusammenarbeiten, und Nullsummenspiel (Gewinner-Verlierer-Situation) gewählt, damit der Wettbewerbsmoment und die damit verbundene Spannung nach dem Einzelsieg relevant bleiben. Da kein Wissen über die antiken Spiele vorausgesetzt werden kann, gilt in der Gestaltung des Spielfeldes und der Spielregeln wenig Komplexität bei einem angemessenen Anspruchsniveau. Der Spielverlauf ist an „Mensch ärgere dich nicht" angelehnt, bietet einfache Grundzüge und einen hohen Grad an Konkurrenz.

Anleitung

Das Spiel ist für Schülergruppen bis zu vier Spielern konzipiert und auf eine Dauer von etwa 30 Minuten angelegt. Der jüngste Spieler beginnt. Die Felder 8, 16, 24, 32 und 40 sind Informationspunkte, die mit passender Augenzahl erreicht werden müssen. Hierdurch wird gewährleistet, dass jeder Schüler innere Verantwortung für seine Karte übernimmt und am Ende alle Spieler alle Informationen besitzen.

Wurde das Informationsfeld erreicht, zieht der Spieler eine Karte der jeweiligen Kategorie und stellt seinem Team den Inhalt vor, mit dem das spielbegleitende Sicherungs-Arbeitsblatt ausgefüllt wird. Es gibt einen Einzelsieger und einen Teamsieg. Pro Informationsfeld stehen so viele Karten wie Spieler zur Verfügung. Um dem altersbedingten Bewegungsdrang der Schüler nachzukommen und das Gruppengefühl innerhalb des Teams zu stärken, wurden Karten mit Handlungsaufforderung (z. B. Pantomime) beigefügt (im Hinblick auf die Zielorientierung nur eine pro Kategorie).

Die Spielphase ist abgeschlossen, wenn alle Spieler eines Teams im Ziel angekommen sind und ihre Arbeitsblätter vollständig ausgefüllt haben. Um den unterschiedlichen Zeitbedarf der Teams (bedingt durch Würfelglück, verschiedene Lese- und Arbeitstempi) aufzufangen, wurden „Teste dein Wissen"-Karten als Differenzierungsmaterial für schnelle Gruppen entworfen. Diese sollen der Festigung des neu erworbenen Wissens dienen. Das Spielkonzept der Differenzierungsphase hat eher memorierenden Charakter, ist als Frage-Antwort-Schema aufgebaut und stützt sich auf den Inhalt der ersten Spielphase.

LITERATUR

Bernhardt, M.: Das Spiel im Geschichtsunterricht. Schwalbach/Ts. ²2010

Sinn, U.: Olympia. Kult, Sport und Fest in der Antike. München ³2004

Swaddling, J.: Die Olympischen Spiele der Antike. Stuttgart 2004

Spielvorbereitung für 4 Spieler:

Schritt 1:
Für das Spiel benötigt ihr
* ein Spielbrett
* einen Würfel
* 20 Karten (jeweils 4 blaue, gelbe, rote, grüne, orange)
4 Spielfiguren
4 Arbeitsblätter

Schritt 2:
Legt die Informationskarten der Farbe nach auf die freien Flächen des Spielfeldes.
Achtet darauf, dass die Informationen nach unten zeigen und nur die Oberbegriffe (POLITIK, EREIGNISSE, RELIGION, GESELLSCHAFT, KULTUR) zu lesen sind.
Stellt eure Spielfiguren nebeneinander auf dem Startfeld auf.

Schritt 3:
Der jüngste Spieler beginnt. Es wird im Uhrzeigersinn gewürfelt.
Auf jedem Spielfeld können mehrere Figuren stehen.
Folgt dem Weg zu den Informationspunkten (Feld 8, 16, 24, 32, 40).
Diese dürfen nicht übersprungen werden.
Ihr müsst also die passende Augenzahl würfeln, um auf diese Felder zu gelangen.

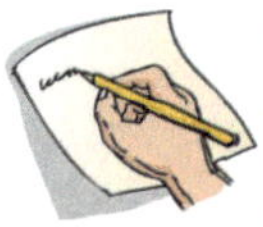

Schritt 4:
Wer auf einem Informationspunkt angekommen ist, zieht eine Karte in der Farbe des Feldes und liest sie laut vor.
Mithilfe der Informationen eurer Mitspieler könnt ihr nun euer Arbeitsblatt ausfüllen.

Achtung:
Einige Karten fordern zu kleinen Wettkämpfen auf. Verhaltet euch dabei ruhig, damit ihr die anderen Gruppen nicht stört.

Ziel des Spiels:
Es gibt einen Einzelsieger und ein Siegerteam.
Es siegen derjenige, der zuerst ins Ziel kommt, und das Team, das zuerst seine Spieler ins Ziel und alle Arbeitsblätter vollständig ausgefüllt hat.

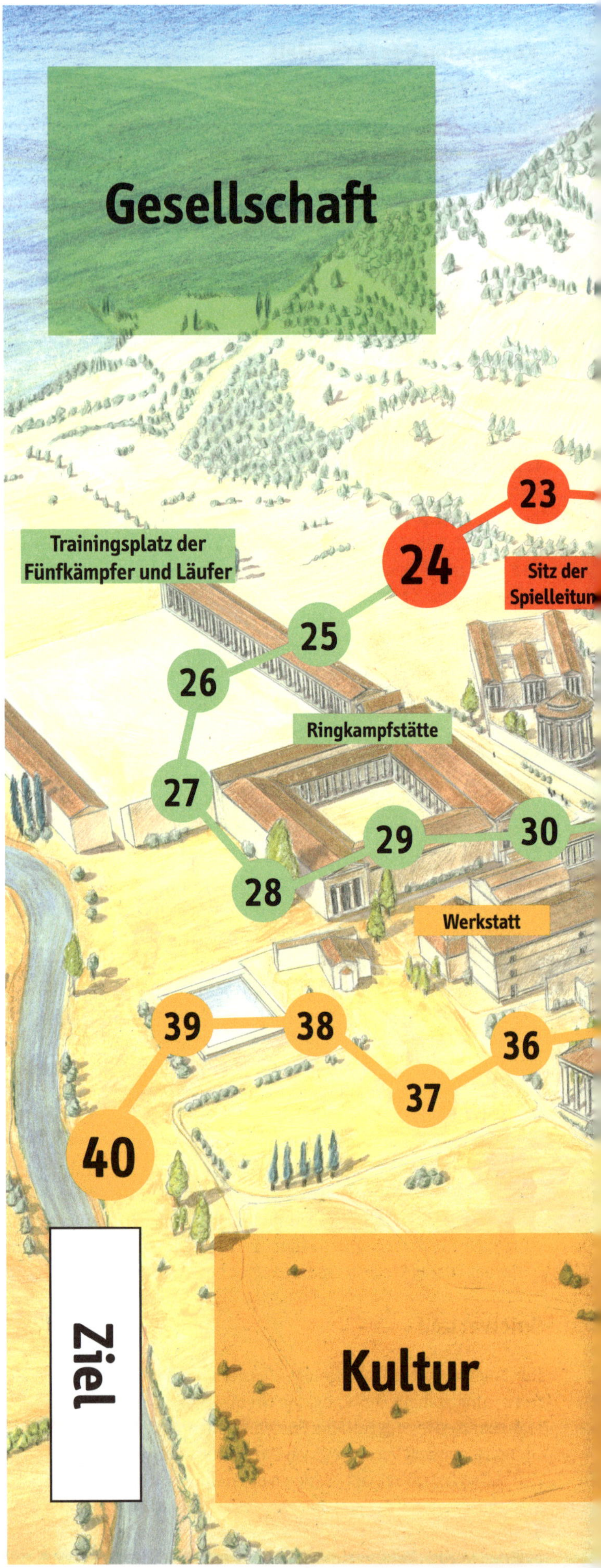

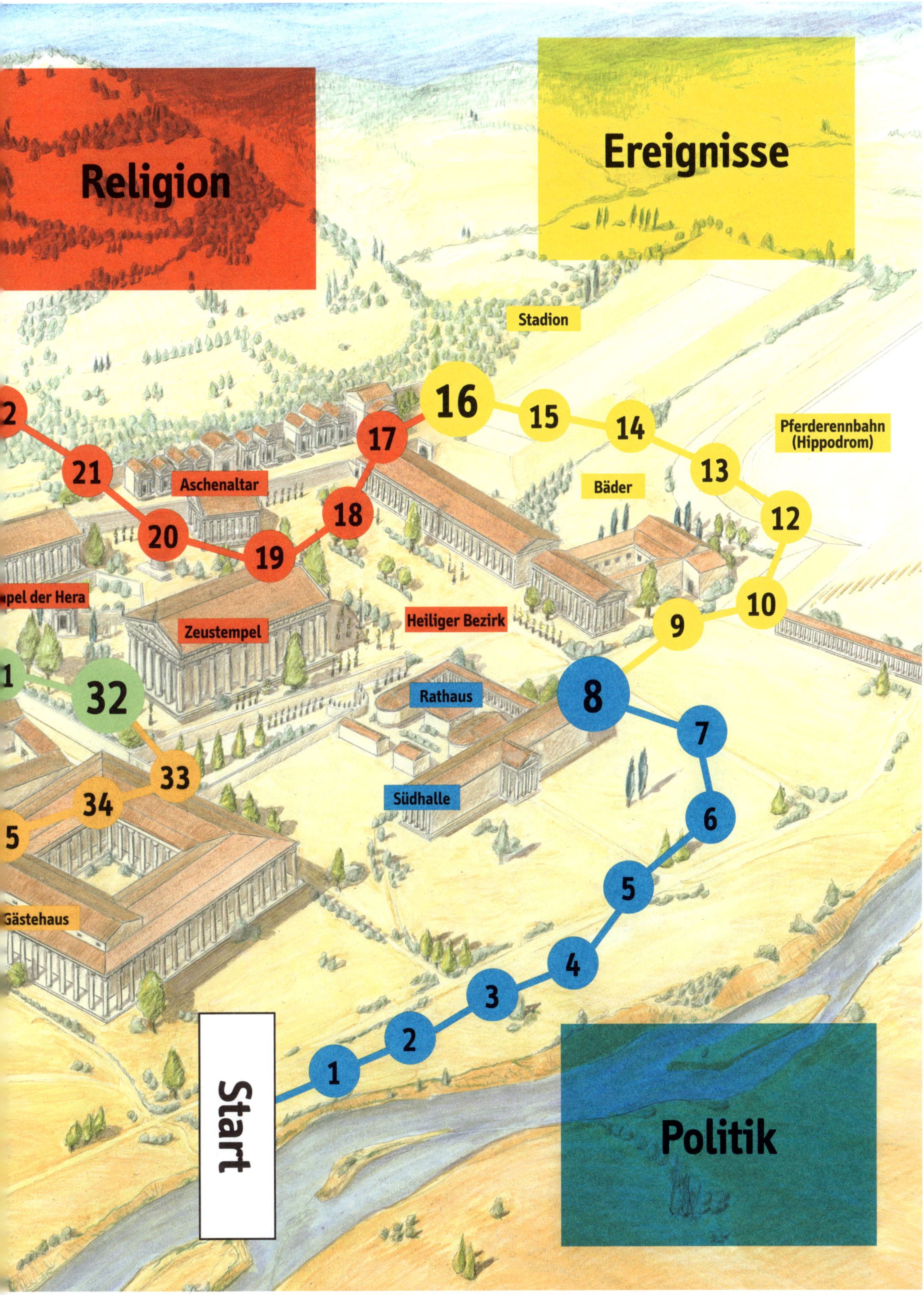

Grafik: Matthias Blumenstein/Layout+Typographie

Informationskarten für den blauen Weg

Politik	Während der Spiele herrschte in Griechenland Waffenstillstand. So konnten Sportler und Zuschauer gefahrlos aus allen Poleis nach Olympia reisen und sich dort aufhalten. **Notiere die Antwort und rücke 1 Feld vor.**
Politik	Nur Männer, nur Freie, nur Griechen durften an den Spielen teilnehmen. Ausländer, Frauen und Sklaven waren ausgeschlossen. **Notiere die Antwort und rücke 1 Feld vor.**
Politik	**Pantomime** Deine Aufgabe findest du hinter der linken Tafelseite. Geh allein dorthin und lies die Nachricht. **Du und derjenige, der die richtige Lösung nennt, rücken zwei Felder vor.**
Politik	Die Olympischen Spiele fanden alle vier Jahre im Hochsommer statt. Die ersten überlieferten Spiele fanden 776 v. Chr. statt. **Notiere die Antwort und rücke 1 Feld vor.**

Informationskarten für den gelben Weg

Ereignisse	Die Spiele dauerten fünf Tage. Zu den Olympischen Wettbewerben gehörten zum Beispiel Laufwettbewerbe, Faustkämpfe sowie Wagen- und Pferderennen. **Notiere die Antwort und rücke 1 Feld vor.**
Ereignisse	Geht zum Lehrertisch und betrachtet gemeinsam das Bild. Überlegt, welche Sportart dargestellt wird. **Notiert im Anschluss eure Ergebnisse. Jeder rückt 1 Feld vor.**
Ereignisse	Bei den Sportveranstaltungen galten strenge Regeln. Jeder Verstoß wurde hart bestraft. Wer schummelte, musste hohe Bußgelder bezahlen oder eine Statue an Zeus stiften. **Notiere die Antwort und rücke 1 Feld vor.**
Ereignisse	30 Tage vor Beginn der Spiele mussten die Athleten in Olympia sein und unter Aufsicht trainieren. Bis auf wenige Disziplinen waren die Sportler nackt. **Notiere die Antwort und rücke 1 Feld vor.**

Informationskarten für den roten Weg

Religion	Im Mittelpunkt des Platzes stand nicht das Stadion, sondern ein Tempel mit einer 12 Meter hohen Zeus-Statue. Sport war für die Griechen Götterverehrung und Kriegsübung. **Notiere die Antwort und rücke 1 Feld vor.Notiere die Antwort und rücke 1 Feld vor.**
Religion	**WER IST SCHNELLER?** Tritt gegen deinen Mitschüler, der links von dir sitzt, zu einem Wettkampf an. Stellt euch gegenüber auf und macht 5 Kniebeugen. **Der Schnellste darf 1 Feld vorrücken.**
Religion	Am ersten Tag schworen Athleten und Trainer vor der Zeus-Statue am Rathaus, dass sie sich fair verhalten und die Regeln achten würden. **Notiere die Antwort und rücke 1 Feld vor.**
Religion	Am dritten Tag fanden keine Wettkämpfe statt. Stattdessen wurde Zeus ein Opfer von hundert Ochsen gebracht. Am Abend fand ein Festmahl vor dem Gästehaus statt. **Notiere die Antwort und rücke 1 Feld vor.**

Informationskarten für den grünen Weg

Gesellschaft	Während der Olympischen Spiele trugen Dichter und Redner ihre Werke vor, Politiker führten Verhandlungen, Kaufleute boten ihre Waren an. **Notiere die Antwort und rücke 1 Feld vor.**
Gesellschaft	**Sportarten gesucht** Nennt der Reihe nach eine Sportart, die mit „S“ anfängt. Es darf nicht vorgesagt werden! **Verloren hat, wem keine Sportart mehr einfällt. Alle anderen rücken 1 Feld vor.**
Gesellschaft	Nach den Wettkämpfen konnten sich die Sportler in den Bädern neben dem Stadion reinigen. **Notiere die Antwort und rücke 1 Feld vor.**
Gesellschaft	Bis zu 40.000 Besucher sahen den Spielen zu. Sie übernachteten in Zelten und Laubhütten. Reichen Besuchern stand das Gästehaus zur Verfügung. Die Athleten waren neben dem Trainingsplatz untergebracht. **Notiere die Antwort und rücke 1 Feld vor.**

Informationskarten für den orangen Weg

Kultur	Für die Griechen zählte nur der Sieg. Einen zweiten oder dritten Platz gab es nicht. Für die Verlierer gab es kein Mitgefühl. **Notiere die Antwort und rücke 1 Feld vor.**
Kultur	Im Wagen- und Pferderennen war nicht der schnellste Reiter oder Wagenlenker, sondern der Besitzer des schnellsten Pferdes Sieger. **Notiere die Antwort und rücke 1 Feld vor.**
Kultur	Der Sieger wurde in seiner Heimatpolis gefeiert und war lebenslang von Steuern befreit. **Notiere die Antwort und rücke 1 Feld vor.**
Kultur	Die Sieger erhielten am letzten Tag einen Kranz vom heiligen Ölbaum und ein rotes Wollband. **Notiere die Antwort und rücke 1 Feld vor..**

Pantomime

(Anleitung hinter der Tafel anzubringen/rückseitig der Tafel anzuschreiben)

Wähle eine der genannten Sportarten aus,
streiche sie durch und gehe zurück zu deiner Gruppe.
Führe die Pantomime deinen Mitschülern vor.

Weitsprung

Speerwurf

Diskuswurf

Boxen

Pferderennen

Ringen

50-Meter-Lauf

Aktionskarte – Handlungsaufforderung auf dem gelben Weg

Welche Sportart ist hier abgebildet?

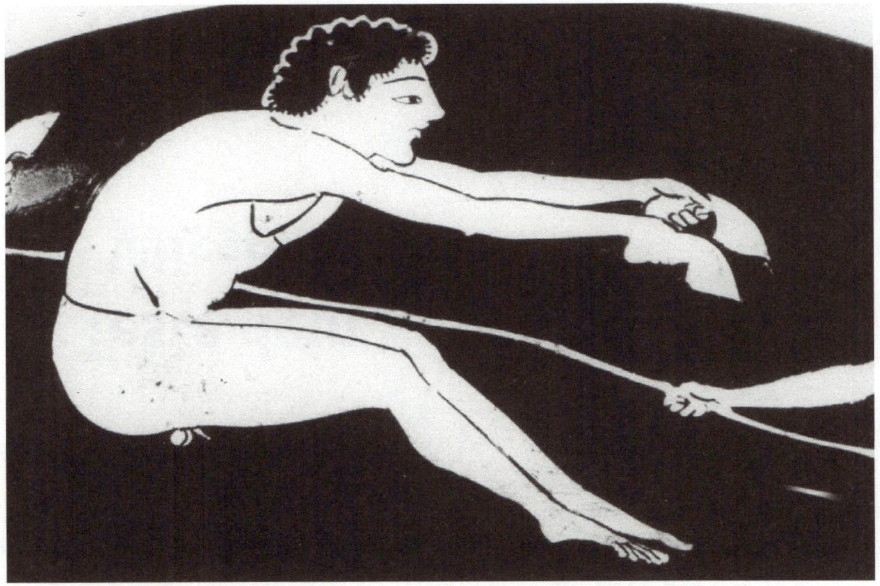

Vase, Ausschnitt um 500 v. Chr.

Foto: ullstein bild – Archiv Gerstenberg

„Teste dein Wissen“-Karten für den blauen Weg (POLITIK)

Teste dein Wissen!	Um den Menschen eine sichere Anreise nach Olympia zu ermöglichen, unterbrach man sogar Kriege. Richtig oder falsch? **Antwort: Richtig! Es herrschte Waffenstillstand.**
Teste dein Wissen!	Wer durfte nicht an den Olympischen Spielen teilnehmen? **Antwort: Frauen, Sklaven und Ausländer durften nicht teilnehmen.**
Teste dein Wissen!	Wer durfte an den Olympischen Spielen teilnehmen? **Antwort: Nur Männer, nur Freie und nur Griechen durften an den Spielen teilnehmen.**
Teste dein Wissen!	Im Abstand von wie vielen Jahren fanden die Olympischen Spiele statt? **Antwort: Im Abstand von vier Jahren.**

„Teste dein Wissen"-Karten für den gelben Weg (EREIGNISSE)

Teste dein Wissen!	Nenne mindestens 2 antike Olympische Wettbewerbe. **Antwort: Laufwettbewerbe, Faustkämpfe, Wagen- und Pferderennen, Ringen, Fünfkampf, Diskuswurf, Speerwurf, Weitsprung ...**
Teste dein Wissen!	Was erwartete diejenigen, die gegen die Regeln verstießen? **Antwort: Wer schummelte, musste hohe Bußgelder bezahlen oder eine Statue an Zeus stiften.**
Teste dein Wissen!	Die Olympischen Spiele der Antike dauerten a) 2 Tage b) 5 Tage c) 7 Tage? **Antwort: b)**
Teste dein Wissen!	Wie viele Tage vor Beginn der Spiele mussten die Athleten in Olympia sein und unter Aufsicht trainieren? **Antwort: 30 Tage vorher.**

„Teste dein Wissen"-Karten für den roten Weg (RELIGION)

Teste dein Wissen!	Inmitten des Zeustempels stand eine riesige Zeus-Statue aus Gold und Elfenbein. Weißt du noch, wie hoch diese war? **Antwort: 12 Meter hoch**
Teste dein Wissen!	Die Teilnehmer opferten Zeus wertvolle Geschenke wie Waffen, Schmuck und kostbare Gefäße, um ihn gnädig zu stimmen. Richtig oder falsch? **Antwort: Richtig! Diese wurden in den Schatzhäusern aufbewahrt.**
Teste dein Wissen!	Am dritten Tag fanden Pferde- und Wagenrennen im Hippodrom statt. Richtig oder falsch? **Antwort: Falsch! Am dritten Tag fanden keine Wettkämpfe statt.**
Teste dein Wissen!	Die Athleten legten am ersten Tag den Olympischen Eid ab. Richtig oder falsch? **Antwort: Richtig! Sie schworen, dass sie sich fair verhalten und die Regeln achten würden.**

„Teste dein Wissen“-Karten für den grünen Weg (GESELLSCHAFT)

Vorderseite	Rückseite
Teste dein Wissen!	Olympia war neben dem Sport auch ein Ort der Geselligkeit. Begründe, warum! **Antwort: Dichter und Redner trugen ihre Werke vor, Kaufleute boten ihre Waren auf dem Markt an. Politiker führten Verhandlungen.**
Teste dein Wissen!	Wo konnten die Athleten nach dem Sport ihre Körper reinigen? **Antwort: In den Bädern neben dem Stadion.**
Teste dein Wissen!	Welche Übernachtungsmöglichkeiten gab es für Besucher? **Antwort: Zelte und einfache Laubhütten, Gästehaus (für Reichere)**
Teste dein Wissen!	Wie viele Besucher konnten schätzungsweise die Spiele besuchen? **Antwort: Forscher schätzen, dass sich bis zu 40.000 Besucher die Spiele angesehen haben**

„Teste dein Wissen“-Karten für den orangen Weg (KULTUR)

Vorderseite	Rückseite
Teste dein Wissen!	Gib die Vorteile des Sieges bei den Olympischen Spielen der Antike wieder! **Antwort: Athleten waren lebenslang steuerbefreit, wurden in ihrer Polis gefeiert und verehrt.**
Teste dein Wissen!	Für die Griechen zählt nur der Sieg. Was geschah mit den Verlierern? **Antwort: Für die Verlierer gab es kein Mitgefühl, sie ernteten Hohn und Spott.**
Teste dein Wissen!	Nenne die beiden Gegenstände, die die Sieger am letzten Tag erhielten! **Antwort: Ölbaumkranz, rotes Band**
Teste dein Wissen!	Was unterscheidet den Sieger im Pferderennen von einem Sieger in anderen Sportarten? **Antwort: Nicht der schnellste Reiter oder Wagenlenker gewinnt, sondern der Besitzer der siegreichen Pferde.**

Schneller, stärker, weiter – die Olympischen Spiele der Antike

Aufgabe: Trage die Informationen aus den Informationspunkten (Feld 8, 16, 24, 32 und 40) in die passenden Kästchen ein.
Achte beim Eintragen auf die richtige Kategorie und passende Farbe.
Bedenkt: Ihr seid ein Team. Jeder von euch braucht alle Informationen.

POLITIK

Benenne, wer von den Spielen ausgeschlossen war:

____

Gib den Grund für den Waffenstillstand wieder:

____

____

____

Die Olympischen Spiele sind überliefert seit:

____

EREIGNISSE

Zähle drei olympische Sportarten auf:

____

____

Kreuze die richtigen Antworten an:

1. Alle Athleten waren in der Regel

☐ nackt ☐ bekleidet

2. Wer gegen die Regeln verstieß,

☐ wurde disqualifiziert
☐ wurde in die Heimatpolis zurückgeschickt
☐ musste Bußgelder zahlen
☐ musste eine Statue an Zeus stiften

Das Bild zeigt (Sportart)

____

GESELLSCHAFT

40.000 Besucher – das war ein Spektakel. Wie wurden die Besucher untergebracht?

Was machten Politiker bei Olympia?

Wo befanden sich die Bäder?

KULTUR

Was bedeutete es, Sieger bei den Olympischen Spielen zu sein?

RELIGION

Sport war für die Griechen

Was schworen die Athleten und Trainer vor Zeus?

Warum fanden am dritten Tag keine Wettkämpfe statt?

Schneller, stärker, weiter – die Olympischen Spiele der Antike

Aufgabe: Trage die Informationen aus den Informationspunkten (Feld 8, 16, 24, 32 und 40) in die passenden Kästchen ein.
Achte beim Eintragen auf die richtige Kategorie und passende Farbe.
Bedenkt: Ihr seid ein Team. Jeder von euch braucht alle Informationen.

POLITIK

Benenne, wer von den Spielen ausgeschlossen war:

Ausländer, Frauen und Sklaven

Gib den Grund für den Waffenstillstand wieder:

So konnten Sportler und Zuschauer gefahrlos

aus allen Poleis nach Olympia reisen und sich dort aufhalten.

Die Olympischen Spiele sind überliefert seit:

776 v. Chr.

EREIGNISSE

Zähle drei olympische Sportarten auf:

Laufwettbewerbe, Faustkämpfe,

Wagen- und Pferderennen

Kreuze die richtigen Antworten an:

1. Alle Athleten waren in der Regel

- [x] nackt
- [ ] bekleidet

2. Wer gegen die Regeln verstieß,

- [ ] wurde disqualifiziert
- [ ] wurde in die Heimatpolis zurückgeschickt
- [x] musste Bußgelder zahlen
- [x] musste eine Statue an Zeus stiften

Das Bild zeigt (Sportart)

(wird später verglichen)

GESELLSCHAFT

40.000 Besucher – das war ein Spektakel.
Wie wurden die Besucher untergebracht?

Sie übernachteten in Zelten und einfachen Laubhütten.

Reiche Besucher schliefen im Gästehaus.

Was machten Politiker bei Olympia?

Politiker führten Verhandlungen

Wo befanden sich die Bäder?

neben dem Stadion

KULTUR

Was bedeutete es, Sieger bei den Olympischen Spielen zu sein?

1. *Der Sieger wurde in seiner Polis verehrt.*
   Er war sein Leben lang von Steuern befreit.
2. *Im Wagen- und Pferderennen war der Besitzer des Pferdes Sieger und nicht der Reiter bzw. Wagenlenker.*
3. *Der Sieger erhielt einen Kranz von heiligem Ölbaum und ein rotes Wollband.*
4. *Nur der Sieg zählte. Es gab keinen zweiten oder dritten Platz.*

RELIGION

Sport war für die Griechen

Götterverehrung und Kriegsübung

Was schworen die Athleten und Trainer vor Zeus?

Sie schworen, dass sie sich fair verhalten und die Regeln achten würden.

Warum fanden am dritten Tag keine Wettkämpfe statt?

Der dritte Tag stand im Zeichen der Götterverehrung. Zeus wurde ein Opfer von 1000 Ochsen gebracht. Am Abend fand das Festmahl statt.

Wer bin ich?

Ein Mathematikerquiz für die Antike

Mit Hilfe der Geschichte der Mathematik kann die Chance einer Vertretungsstunde genutzt werden, um aufzuzeigen, dass die Mathematik kein totes, abstraktes Gebilde darstellt, sondern wie jede Wissenschaft auf der Begegnung und Kommunikation zwischen denkenden, lebenden Menschen aufgebaut ist. Im Vordergrund steht die Lebensgeschichte bedeutender Mathematiker der Antike in Quizform.

Martin Mattheis

Abb. 1: Euklid-Relief um 1340 im Dom zu Florenz
Foto: akg-images

Für Schülerinnen und Schüler stellt sich die (Schul-)Mathematik normalerweise als ein komplexes, abgeschlossenes und damit auch totes System von Lehrsätzen dar. Die Menschen, die mathematische Sätze entdeckt haben, bleiben den Schülern meist ebenso verborgen wie Entwicklungen, Irrwege, jahrhundertelange Beschäftigung mit bestimmten Fragestellungen oder ungelöste Probleme. Der Sinn einer geschichtlichen Einbettung mathematischer Erkenntnisse besteht deshalb gerade darin, den Schülern zu zeigen, dass Mathematik eben kein fertiges, formales System einer abgeschlossenen Theorie, sondern eine lebendige, von Menschen gemachte Wissenschaft ist. Die Geschichte einer solchermaßen entstehenden Mathematik steht im Wechselbezug zu Geistes-, Kultur- und Sozialgeschichte und ist gleichzeitig auch die Geschichte der Mathematik betreibenden Menschen.

Mit der Kenntnis der Lebensgeschichte von bedeutenden Mathematikern wird für die Schüler das Fach weniger abstrakt und dadurch, dass sie ihre mathematischen Erkenntnisse auf historische Persönlichkeiten übertragen können, lebendiger und greifbarer. Mit Hilfe der Geschichte der Mathematik kann in einer Vertretungsstunde, die ja abseits von Lehrplanverpflichtungen steht, veranschaulicht werden, dass die Mathematik wie jede Wissenschaft auf der Begegnung und Kommunikation zwischen denkenden Menschen aufgebaut ist.

Um die bedeutenden Mathematiker in den zeitlichen Rahmen der allgemeinen Geschichte einzubetten, bietet sich die gemeinsame Erarbeitung eines tabellarischen Tafelbildes (Abb. 2) an. Je nach Vorkenntnissen und Leistungsstand der Klasse können dabei die Daten und Ereignisse der allgemeinen Geschichte vom Lehrer vorgegeben oder mit der Klasse gemeinsam wiederholt bzw. aus dem Geschichtsbuch herausgesucht werden.

Die drei klassischen Probleme der Antike

Sollte nach der Bearbeitung des Arbeitsblattes noch Zeit zur Verfügung stehen, kann der Lehrer den Schülern ergänzend die drei klassischen unlösbaren mathematischen Probleme der Antike vorstellen. „Unlösbar" bedeutet hierbei, dass diese Probleme nicht alleine mit Zirkel und Lineal zu lösen sind:

1. Die Quadratur des Kreises, d. h. zu einem gegebenen Kreis soll ein Quadrat mit gleichem Flächeninhalt konstruiert werden.
2. Die Verdopplung des Würfels, d. h. zu einem gegebenen Würfel (z. B. der Kantenlänge 1 m) soll ein Würfel mit dem doppelten Volumen konstruiert werden.
3. Die Dreiteilung des Winkels, d. h. ein beliebiger gegebener Winkel soll in drei gleich große Winkel aufgeteilt werden.

Die Unmöglichkeit der Quadratur des Kreises wurde erst im Jahre 1882 durch Ferdinand von Lindemann bewiesen. Trotzdem gibt es auch heute immer noch Menschen, die sich vergeblich damit abmühen, einen Kreis durch geometrische Konstruktionen mit Zirkel und Lineal zu quadrieren.

LITERATUR

Gottwald, S., H.-J. Ilgauds und K.-H. Schlote: Lexikon bedeutender Mathematiker. Frankfurt a. M. 1990

Mattheis, M.: Der Satz des Pythagoras. Eine fachübergreifende Unterrichtsreihe mit mathematikhistorischen Bezügen in einer 9. Klasse. In: PZ-Information 29/2000. Bad Kreuznach 2000, S. 87–139

Ereignisse der allgemeinen Geschichte		Bedeutende Mathematiker	Entwicklung der Mathematik
594 v. Chr.	Reform des Solon in Athen	**Thales von Milet** (624–547 v. Chr.) **[Person A]**	Allgemeine Beweise
500 v. Chr.	Reform des Kleisthenes in Athen	**Pythagoras von Samos** (580–500 v. Chr.) **[Person F]**	Zahlen sind Schlüssel der Welt
500–479 v. Chr.	Perserkriege	**Sokrates** (470–399 v. Chr.) **[Person E]**	
431–404 v. Chr.	Peloponnesischer Krieg	**Platon** (427–347 v. Chr.) **[Person G]**	Akademie in Athen
323 v. Chr.	Tod Alexanders des Großen	**Aristoteles** (384–322 v. Chr.) **[Person C]**	Formale Logik
		Euklid von Alexandria (um 300 v. Chr.) **[Person B]**	Lehrbuch „Die Elemente"
	zunehmende Ausbreitung Roms	**Archimedes von Syrakus** (287–212 v. Chr.) **[Person D]**	Bedeutendster Mathematiker

Abb. 2: Tafelbildvorschlag zur Auswertung der Fragekarten

M | 1 Wer bin ich?

Person A

Manche Leute bezeichnen mich als den „Begründer" der modernen Mathematik, weil mich im Gegensatz zu den Babyloniern und den Ägyptern nicht mehr nur die Lösung einer konkreten Aufgabe, sondern ein allgemeingültiger, beweisender Lösungsweg interessierte. Von Beruf war ich Kaufmann und bin von allen hier versammelten Mathematikern derjenige, der am frühesten gelebt hatte. Der nach mir benannte Lehrsatz besagt, dass jedes Dreieck, dessen Grundseite der Durchmesser eines Kreises ist und dessen Spitze auf diesem Kreis liegt, rechtwinklig ist.

Person B

Ich habe die berühmte mathematische Schule von Alexandria begründet, so dass ich erst nach der Gründung dieser Stadt durch Alexander den Großen im Jahre 332 v. Chr. gelebt haben kann. Bekannt wurde ich aber vor allem durch das einflussreichste Mathematikbuch aller Zeiten: Die Elemente umfassten einen Großteil des mathematischen Wissens meiner Zeit und waren etwa 2000 Jahre lang das Standardlehrbuch der Mathematik.

Person C

Zu meinen großen Werken zählt unter anderem die Begründung der formalen Logik, aber ich habe noch einiges anderes geleistet. Neben meiner wissenschaftlichen Arbeit war ich der Erzieher des späteren Makedonenkönigs Alexander des Großen. Nach seiner Thronbesteigung habe ich im Jahre 355 v. Chr. in Athen eine eigene Schule begründet. Verstorben bin ich in Chalkis, wohin ich nach dem Tode meines ehemaligen Zöglings Alexander im Jahre 323 v. Chr. fliehen musste.

Person D

Ich gelte für viele als der bedeutendste Mathematiker des Altertums. Dabei war ich vor allem auch Physiker und Ingenieur. So entdeckte ich bei der Untersuchung des Goldgehaltes einer Krone das Auftriebsgesetz. Während der zwei Jahre dauernden römischen Belagerung meiner Heimatstadt unterstützte ich die Verteidiger durch die Konstruktion verschiedener Verteidigungsapparate. Berühmt geblieben sind auch meine letzten Worte, die ich bei der Eroberung im Jahre 212 v. Chr. einem römischen Legionär, der über meine in den Sand gezeichneten Skizzen laufen wollte, zurief: „Berühre meine Kreise nicht!".

Person E

Streng genommen gehöre ich eigentlich nicht hierher, denn von Hause aus bin ich Philosoph und kein Mathematiker. Aber da berühmte Mathematiker wie z. B. Platon zu meinen Schülern gehörte, durfte ich doch an dieser Versammlung teilnehmen.

Person F

Meine Schüler glaubten, dass die natürlichen Zahlen der einzige Schlüssel seien, um zu verstehen, wie die Welt aufgebaut ist. Neben einer gemäßigten Lebensführung sahen wir in der Beschäftigung mit Mathematik die einzige Möglichkeit, die unsterbliche Seele des Menschen zu reinigen. Unser Geheimzeichen war das Pentagramm, dem auch in späterer Zeit noch magische Kräfte bei der Abwehr böser Geister zugeschrieben wurden. Mein Lebensweg hat mich weg von meinem Geburtsort auf einer Insel vor der kleinasiatischen Küste über Kroton nach Metapont geführt, wo ich auch verstarb. Der nach mir benannte mathematische Lehrsatz gehört auch heute noch zu den bedeutendsten Lehrsätzen der Schulmathematik.

Person G

Die berühmte Akademie in Athen, eine Stätte wissenschaftlicher Forschung und Lehre, wurde von mir gegründet und geleitet. Über dem Eingangsportal der Akademie war ihr Leitmotiv „Kein der Geometrie Unkundiger trete ein" angebracht. Auch der berühmteste griechische Philosoph, der 15 Jahre nachdem mein verehrter Lehrer starb, in Stageira geboren wurde, war von 367 bis 347 355 v. Chr. Mitglied meiner Akademie.
Ich bin es, der meinem berühmten Lehrer Sokrates gestattet hat, zu dieser Mathematikerversammlung zu erscheinen.

Fotos: bpk (Thales, Sokrates, Aristoteles)/akg-images (Pythagoras, Platon, Euklid, Archimedes)

Namen und Lebensdaten berühmter Mathematiker (alle Daten vor Christus):

	Person
Archimedes von Syrakus (287–212 v. Chr.):	______
Aristoteles (384–322 v. Chr.):	______
Euklid (um 300 v. Chr.):	______
Platon (427–347 v. Chr.):	______
Pythagoras von Samos (580–500 v. Chr.):	______
Sokrates (470–399 v. Chr.):	______
Thales von Milet (624–547 v. Chr.):	______

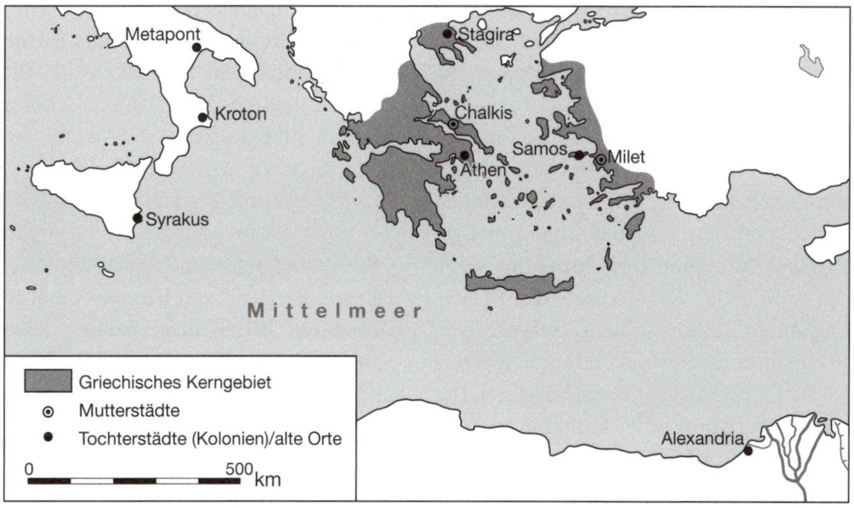

Der östliche Mittelmeerraum in der Antike

Karte: Westermann Schulbuchverlag

AUFGABEN

- Ordne den Beschreibungen die Namen und Lebensdaten der Mathematiker zu (Person A?, Person B? usw.).
- Markiere die Herkunftsorte und Wirkungsstätten auf der Karte.
- Erstelle eine Tabelle, in der du Ereignisse der allgemeinen Geschichte, bedeutende Mathematiker und Entwicklung der Mathematik einträgst.

„Ritter-Rallye"

Leben auf der Burg

Draußen ist dunkle Nacht. Irgendwo, gar nicht weit von hier, schreit ein Käuzchen. Ein kühler Wind pfeift um das alte Gemäuer. Der Vollmond versetzt die Burg in ein unheimliches, fahles Licht. Drinnen, im Innern der Burg, flackert ein Feuer, an dem sich zwei betagte Ritter wärmen. Es ist eisig kalt. Geschichten aus längst vergangenen Tagen füllen den Raum.

Katja Bühler und Sabrina Willmann

Da klopft es an der Tür, und ein reitender Bote des Königs betritt den Saal. „Was wollt Ihr zu so später Stunde?" – fragt Ritter **Kuno** ganz erstaunt. „Der König schickt mich," antwortet der Gesandte noch ganz außer Atem, „ihr edlen Ritter seid geladen zu dem größten Turnier, das ihr je gesehen habt. Edle Ritter und Burgfräulein werden um die Gunst des Königs wetteifern. Ort der Austragung ist die königliche Oskar-Paret-Schule zu Freiberg. Findet Euch dort am 19. dieses Monats ein. Dieses Ereignis dürft Ihr Euch nicht entgehen lassen." Und so plötzlich, wie der Gesandte aufgetaucht war, war er auch wieder verschwunden.

Didaktische Grundüberlegung und Zielsetzung

Zentrales didaktisches Anliegen dieses Beitrags ist es, das Unterrichtsthema „Leben auf einer Burg" mit Hilfe eines ritterlichen Turnieres in das Klassenzimmer zu projizieren. Im Rahmen unseres Tagespraktikums im Fach Geschichte wurde ein ritterlicher Wettstreit zum Dreh- und Angelpunkt: Jeder Schüler schlüpft in die Rolle eines Ritters oder eines Burgfräuleins und kann so das Leben auf einer Burg in spielerischer Weise erfahren. Verschiedene Lerninhalte (z. B. Sitten, Erziehung und Bildung) werden an einzelnen Lernstationen durch Spiele, Textarbeit und Bastelaufgaben verdeutlicht. Der Schüler wird somit in die Lage versetzt, affektiv, kognitiv und taktil das Thema zu ergründen.

Fachliche Voraussetzungen waren für unser Themengebiet nicht vonnöten, die Schüler sollten aber bereits Erfahrungen in Partner- und Gruppenarbeit haben und vertraut sein mit freiem Arbeiten.

Ritterausrüstung eines Schülers

- Wappen (zum Ankleben für jeden Schüler)
- Spielplan (Turnierheft „Ein kleines Ritterschaftsturnier")
- Wimpel (für die Ritterschaft)

Bastelanleitung für die Wappen und Wimpel

- **Materialien:** Papierbogen, doppelseitiges Klebeband, Schaschlikspieß (Holz), Styropor (Klötzchen, etwa ca. 4 cm), mittelstarker Karton
- **Wappen:** Einfache Symbole, z. B. Blume, Hut etc., auf Papier aufmalen, auf Karton aufkleben und in Form eines Wappens ausschneiden. Auf der Rückseite einen Streifen doppelseitiges Klebeband anbringen, damit die Schüler das Wappen leicht an ihrer Kleidung befestigen können.
- **Wimpel:** Das Wappen der Ritterschaft wird auf ein Papierfähnchen aufgeklebt, als Fahnenschaft dient ein hölzerner Spieß. Das Ganze auf ein Styroporklötzchen stecken, und der Wimpel hat die nötige Stabilität.

Organisation

Dem Lernzirkel liegt die Organisationsform „Gruppenarbeit" zugrunde, wobei die einzelnen Kleingruppen als Ritterschaften miteinander wetteifern. Die Anzahl der Ritterschaften entspricht den Stationen des Lernzirkels, so dass für die Dauer des Turniers stets alle Stationen besetzt sind.

Jede Ritterschaft erhält zu Beginn der Stunde ihren eigenen Tischwimpel mit dem dazugehörigen Wappen als Zeichen der Kooperation und der Zusammengehörigkeit. Nach der Verleihung des Wimpels wird jeder Ritterschaft die Errichtung einer Station (=Burg) aufgetragen, die sie dann „bewaffnet" mit Schreibzeug und Turnierplan gemeinsam beziehen. Der Lehrer übernimmt die Aufgabe der Turnierleitung, greift aber nicht aktiv in das Geschehen ein, sondern ist ausschließlich für den organisatorischen Rahmen verantwortlich.

Ergebnissicherung

Der Turnierplan setzt sich aus den einzelnen Aufgabenblättern der Stationen zusammen. In ihm werden die Ergebnisse der Gruppenarbeit schriftlich festgehalten. Jeder Ritter und jedes Burgfräulein besitzt sein bzw. ihr eigenes Turnierheft, wobei die Ritterschaft in ihren Antworten homogen sein sollte, um nicht der Organisationsform „Gruppenarbeit" entgegenzuwirken. Nach Beendigung des Turniers werden alle Turnierhefte eingesammelt und vom Lehrer korrigiert. In der folgenden Stunde kann eine kleine Siegerehrung das Turnier abrunden.

Stationen

Die Arbeit an den einzelnen Stationen ist zeitlich begrenzt (5 Min.). Auf ein akustisches Signal hin werden die Stationen gleichzeitig im Uhrzeigersinn gewechselt. Das Turnier endet, wenn die Ritterschaften ihre „Heimatburg" wieder erreicht haben. An den einzelnen Stationen liegen Medien aus, die zur Bewältigung des jeweiligen Arbeitsauftrags notwendig sind, wie z. B. Bilder, Kärtchen, Puzzleteile oder Texte.

Station 1: Merkmale einer Burg
Was gehört alles zu einer Burg?

Station 2: Burgformen
(A) Inselburg (B) Zungenburg
(C) Gipfelburg (D) Felsenburg
(E) Wasserburg

Je nach Lernniveau der Klasse können die Schüler entweder die Namen der einzelnen Burgtypen (A–E) erraten oder auf an die Tafel gepinnte Schilder mit den vorgegebenen Typenbezeichnungen als Hilfestellung zurückgreifen.

Station 3: Ritterlichkeit – feine Sitten
Was sich nicht schickt bei Tisch

Station 4: Page-Knappe-Ritter

Station 5: Frauen leben auf der Burg
Von den Aufgaben einer Burgherrin

Station 6: Sieben Künste eines Ritters.

Die sechs Themenbereiche bauen inhaltlich nicht aufeinander auf, so dass sowohl die Reihenfolge als auch die Anzahl der Stationen beliebig variiert werden kann. Ebenso wäre es durchaus möglich, den Lernzirkel um weitere Lerninhalte zu ergänzen („Redewendungen und Sprichwörter", „Leben auf der Burg" von **Ulrich von Hutten**, „Kleidung: Ritter/Burgfräulein", „Belagerung einer Burg", „Das ritterliche Turnier" und „Wir bauen eine Burg").

Station 1 | Was gehört alles zu einer Burg?

Zeichnungen: © westermann

Bezeichnungen:
- Brunnen
- Ställe und Vorrat
- Tor, darüber Burgkapelle
- Vorburg
- Pallas (Herrenhaus)
- Bergfried
- Graben und Zugbrücke
- Mauer und Wehrgang

① ______________________

② ______________________

③ ______________________

④ ______________________

⑤ ______________________

⑥ ______________________

⑦ ______________________

⑧ ______________________

AUFGABEN

- Ordne den Nummern die entsprechenden Bezeichnungen zu.

Station 2 | Burgformen

A) ______________________

AUFGABEN

- Ordne den Burgen die richtigen Namen zu.
- Eure Ritterschaft möchte eine neue Burg beziehen.Entscheidet euch für eine Burgform und begründet kurz eure Wahl.

Zeichnungen: © westermann

B) ______________________

C) ______________________

D) ______________________

E) ______________________

Station 3 | Ritterlichkeit – feine Sitten

Quelle: Staatsbibliothek Bamberg

1. Kein Edelmann soll mit einem andern zusammen von einem Löffel essen.
2. Beim Essen rülpst man nicht und schneuzt auch nicht in das Tischtuch.
3. Wer mit dem Löffel seine Speisen nicht aufnehmen kann, der schiebe sie nicht mit den Fingern darauf.
4. Auch ziemt es nicht, sich während des Essens über die Schüssel zu legen und dabei wie ein Schwein zu schnaufen und zu schmatzen.
5. Beim Essen kratzt man nicht mit bloßer Hand, wenn es etwa an der Kehle juckt. Kann man es aber nicht vermeiden, so kratzt man besser mit seinem Gewand.
6. Es ist bäuerliche Sitte, mit angebissenem Brot wieder in die Schüssel einzutunken.
7. Auch den Knochen, den man abgenagt hat, legt man nicht in die Schüssel zurück.
8. Wer gerade Essen im Mund hat, der trinke nicht wie ein Vieh.
9. Man stochere nicht mit dem Messer in den Zähnen herum.
10. Man soll auch nicht gleichzeitig reden und essen wollen.

Quelle: Aus einer „Tischzucht“ des 13. Jahrhunderts. Zitiert nach: Die Reise in die Vergangenheit, Bd. 2. Braunschweig 1971, S. 46

AUFGABEN

- Welche damaligen Sitten gelten heute noch? Kannst du zusätzlich noch einige „feine Sitten“ aufzählen, die heute ebenfalls noch gelten?

Station 4 | Page – Knappe – Ritter

Foto: akg-images

Sollte ein Junge aus adeliger Familie zum Ritter erzogen werden, bereitete man ihn schon früh auf diese Aufgabe vor.

Mit sieben Jahren schickte ihn der Vater an den Hof eines Fürsten oder befreundeten Ritters. Dort lernte er zunächst als Page, wie man sich vornehm benimmt. Höfliches Betragen und höfischer Umgang waren nämlich sehr wichtig.

Im Alter von 14 Jahren wurde aus dem Pagen ein Knappe. Jetzt lernte er unter der Aufsicht eines Zuchtmeisters alles, was später ein Ritter können musste. Vor allem das Waffenhandwerk, die Jagd und die Beherrschung der Turnierregeln. Lesen und Schreiben gehörten meistens nicht dazu. Diese Künste galten als unwichtig und waren etwas für Kirchenleute und vornehme Frauen:

„Zu einem vollkommenen Ritter gehört, dass er gut reiten kann. Zum zweiten muss er schwimmen und tauchen können. Zum dritten muss er mit der Armbrust und dem Bogen schießen können. Zum vierten muss er auf Leitern klettern können. Zum fünften muss er wohl turnieren können, streiten und stechen und im Zweikampf bestehen. Zum sechsten muss er zu Abwehr und Angriff ringen können, auch weit springen und mit der Linken ebenso gut fechten wie mit der Rechten. Zum siebten muss er bei Tische aufwarten können, tanzen und hofieren, auch Schach spielen verstehen und alles, was ihm zur Zierde gereicht.“

Mit 21 Jahren erhielt der Knappe dann den „Ritterschlag“. Die Nacht vor diesem Ereignis verbrachte er zumeist in der Stille und im Gebet. In der feierlichen Zeremonie legte er tags darauf ein Gelübde ab und schwor, die ritterlichen Regeln einzuhalten: Er musste Schwache beschützen, bescheiden, tapfer und gehorsam sein. Außerdem war er verpflichtet, nach den christlichen Geboten zu leben. Anschließend schlug ihn sein Lehrmeister mit dem Schwert leicht auf die Schulter, und ein Knappe reichte ihm Gürtel und Schwert. Damit war er zum Ritter „geschlagen“.

Quelle: Geschichte 5/6, Niedersachsen. Braunschweig 1991, S. 68

AUFGABEN

- Welche Tätigkeiten erlernte ein Page?
- Welche Aufgaben hatte ein Knappe?
- In welchem Alter erhielt man den „Ritterschlag“?

Station 5 | Frauen leben auf der Burg

Foto: Universitätsbibliothek Heidelberg

Vor allem in Zeiten der Abwesenheit des Burgherrn lag alle Verantwortung in den Händen der Ehefrau, die notfalls auch die Verteidigung der Burg organisieren musste. Aber auch in Friedenszeiten war ihr Alltag arbeitsreich und wenig bequem. Unter ihrer Anleitung musste das Gesinde Stoffe weben und Kleidung nähen, die täglichen Mahlzeiten bereiten, Vorräte für den Winter und für Belagerungszeiten anlegen. Kinder wollten versorgt und Gäste standesgemäß bewirtet werden, Kranke erwarteten den Besuch der Burgherrin und hofften auf eine stärkende Arznei.

Quelle: Anno 2. Westermann Verlag, Braunschweig 1995, S. 93

AUFGABEN

- Fasse die Aufgaben einer Burgherrin in Gruppen zusammen, und gib diesen Gruppen eine Überschrift, die einen Beruf aus heutiger Zeit beschreibt.

Foto: AKG

Beruf von heute					
Tätigkeit					

Station 6 | „Sieben Künste der Ritter“

AUFGABEN

- Wenn du ähnlich wie ein Schachpferd über die 64 Felder springst, erhältst du 10 Sätze. Wie lauten sie?

dieses Brettspiel	bekannt	und Unterhaltung	Das Schach	vor 1000 Jahren	vor über 1500 Jahren	Es bedeutete	den gegnerischen König
das Spiel	auf der Burg	welche Vielfalt	der Araber	Abwechslung	mit Dame,	wurde es	von Indien
Die Kreuzritter	besitzt.	verbot.	für das Leben	verbreitete sich	im ganzen Reich	Schachziel ist es,	Turnierkämpfen.
Auch viele Pfarrer,	einige Zeit sogar	brachten	zeigt auf,	Turm	Fechten und	nach Persien.	Nach den Persern
das königliche Spiel	von dem Weizenkorn	Im Mittelalter	daß die Kirche	Daran erinnert	im Mittelmeerraum	Springer	Klettern
zählte das Schachspiel	Bischöfe und Mönche	Kaufleute und	das heißt matt	Schwimmen	oder Bauer	Schach (= König)	das Schach
Die Sage	von den Kreuzzügen	so häufig,	eines Ritters	Seefahrer	nach heute	Schießen	Läufer
spielen	zu den Künsten	zu machen	nach Europa.	bewegungsunfähig,	neben dem Reiten	verbreiteten	der Name

Quelle: Max Riedel, Schach, eine der sieben ritterlichen Künste. In: Ehrenwirth Hauptschulmagazin 6/1983

Dienste und Abgaben – ein Würfelspiel

Landwirtschaft und Grundherrschaft standen vom frühen Mittelalter bis in das 19. Jahrhundert hinein in einer engen, politisch, wirtschaftlich und auch klimatisch bedingten Wechsel- und Abhängigkeitsbeziehung. Die Bewirtschaftung des großen grundherrlichen Bodenbesitzes wäre ohne die nahezu kostenlose menschliche Arbeitskraft kaum denkbar gewesen. – Die Schülerinnen und Schüler erhalten spielerisch einen Eindruck von der Problematik des Dienens und Abgebens.

Norbert Jung

Leistung und Gegenleistung

Für die Nutzung des Grundes boten sich als Gegenleistung Naturalabgaben und Dienste an, zunehmend entwickelte sich die Entlastung auch in Geldzahlungen. Die Einlösung der Dienste und Abgaben wurde für bestimmte, meist jährlich wiederkehrende Tage oder Nachfragezeiträume vereinbart, so dass sich für beide Seiten - Grundherr und Grundhold (abhängiger Bauer) - Leistungssicherheit einstellen konnte.

Bis in die Sprachgegenwart hinein hat sich das Begriffsfeld des Dienstes, Dienens und der Leistung erhalten. Zwischen dem Dienstherrn und Abgabenempfänger und dem Leistungserbringer besteht ein besonderes Verhältnis, geprägt durch gegenseitige Ansprüche, Rechte und Pflichten.

Der Nutzer des Grundes hat als Grundhold seine Leistungen in Diensten und Abgaben treu und sorgfältig zu erbringen und erhält dafür das vereinbarte Nutzungsrecht, das durch Schutz- und Sicherheitsgewährung durch den Grundherrn ergänzt werden, aber auch mit Sanktionen (Gerichtsbarkeit) belegt werden kann. Unerwartete Ereignisse - etwa klimatisch bedingte Ernteausfälle, Ausbruch von Tierseuchen - führten zu erheblichen Problemen in diesem materiellen Leistungs- und Gegenleistungsgefüge.

Der Begriff Abgaben bezieht sich heute weitgehend auf die Zahlung von Geld, die Einzelne oder eine Gruppe an die Großgemeinschaft zu entrichten haben. Dabei kann es sich um Zahlungen handeln, die mit wahrgenommenen oder nicht sofort erkennbaren Gegenleistungen verknüpft sind, während in Vorzeiten die Abgaben an den Grundherrn sowohl in Geld und gerade auch in Naturalien zur direkten Abdeckung der Bodennutzungsleistung dienten. Der Grundherr hatte die Fronarbeit oder die Abgabe „verdient".

Spielabsicht

Dienen und Abgeben mit unmittelbarem Leistungsbezug handlungsorientiert zu erfahren, bildet den Zweck des Spiels „Dienste und Abgaben". Hierbei wird nochmals sehr deutlich, dass „Dienst- und Abgabenleistung bis an den Rand der Existenz führen konnten. Des Weiteren erfahren die Schüler den Belohnungscharakter für Wohlverhalten und Genauigkeit in der Leistung. Gleichzeitig besteht durch die Zufälligkeit des Würfelns die Möglichkeit des Rollenwechsels. Die Ereigniskarten stellen den Spieler als König, Amtmann oder Bischof in die Funktion des Grundherrn, der Bedingungen festlegt sowie Dienste und Erträge einfordert. Als Hufner, Grundhold oder höriger Bauer muss er den entsprechenden Verpflichtungen nachkommen. Einige Ereigniskarten motivieren die Schüler zu selbsttätiger Informationsbeschaffung. Sie oder der Lehrer können außerdem die Zahl der Ereigniskarten ergänzen.

Spielanleitung

Es können sich mehrere Spieler beteiligen. Die Zahl der gewürfelten Punkte entscheidet über das Näherrücken an das Ziel (Erreichen des Herrenhofes). Trifft der Spieler auf ein Ereignisfeld, so zieht er die obenliegende oder eine beliebige Ereigniskarte und muss die entsprechenden Pflichten erfüllen oder kann die Belohnungen nutzen.

Klärungsbedürftige Begriffe zu den Ereigniskarten

Amtmann: Diener, Dienstmann für einen bestimmten grundherrschaftlichen Bereich
Domäne: Staatsgut, Herrschaftsgebiet
Eimer: Volumen- bzw. Flüssigkeitsmaß (ca. 56 l)
Elle: Längenmaß (unterschiedliche Größe: ca. 55–85 cm)
Fron: Dienstleistung/Arbeit für den Grundherrn
Höriger: Bauer, der in Abhängigkeit zu seinem Grundherrn lebt und arbeitet
Hufe: kleiner, eigenbedarfsorientierter Wirtschafts- oder Bauernhof
Meier: Verwalter eines grundherrschaftlichen Fronhofs
Scheffel: Volumenmaß, beispielsweise zum Abmessen von Getreideabgaben
Zehnt: regelmäßige Abgabe in Naturalien oder Geld, die sich am zehnten Teil des erwirtschafteten Gutes orientiert
Zins: Abgabe, Preis für die Überlassung von Geld, Boden oder Gütern zur zeitweiligen Nutzung

M | 1 Spielplan – Dienste und Abgaben

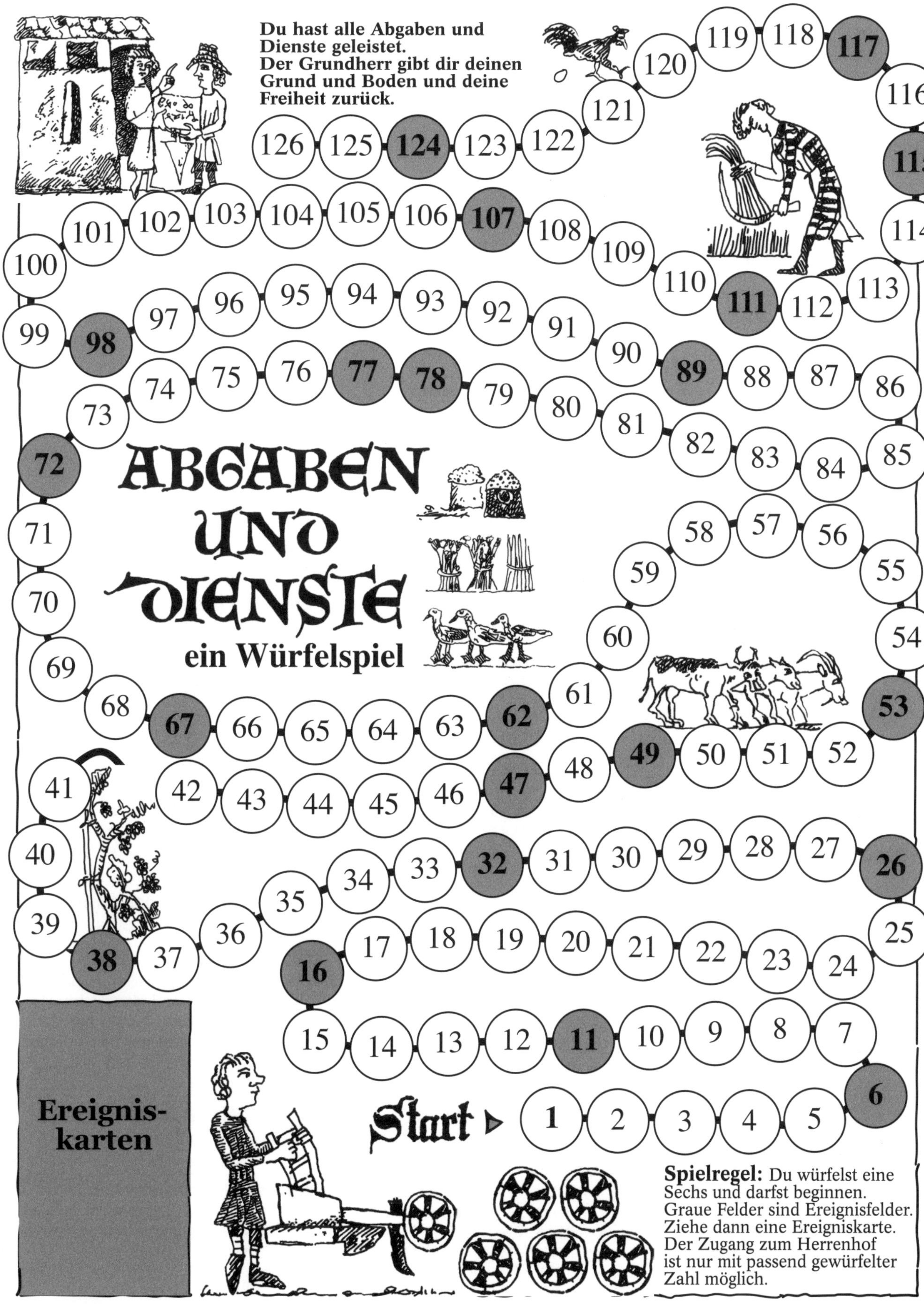

Du hast alle Abgaben und Dienste geleistet. Der Grundherr gibt dir deinen Grund und Boden und deine Freiheit zurück.
ABGABEN UND DIENSTE
ein Würfelspiel
Ereignis-karten
Start
Spielregel: Du würfelst eine Sechs und darfst beginnen. Graue Felder sind Ereignisfelder. Ziehe dann eine Ereigniskarte. Der Zugang zum Herrenhof ist nur mit passend gewürfelter Zahl möglich.

M | 2 Ereigniskarten

Karl der Große beauftragte seine Amtmänner in den Gütern und Höfen, für landwirtschaftliche Arbeiten wie Säen, Pflügen, Ernten, Heumachen und Weinlesen überall genaue Anweisungen zu geben. Du hast als Amtmann überall nach dem Rechten gesehen.

Rücke 3 Felder vor!

Du besitzt eine Hufe des Klosters Ettenheimmünster. Zum St. Thomastag (21. Dezember) musst du zwei Scheffel Hafer abgeben. Die Ernte ist in diesem Jahr schlecht ausgefallen.

Gehe 10 Felder zurück!

Arbeit im Weinbau des Klosters Muri: Du hast bis zum 24. Juni (Fest des Hl. Johannes des Täufers) die Reben noch nicht – wie gefordert – zum zweiten Mal beschnitten und auch den Weinberg nicht gehackt.

Gehe drei Felder zurück!

Ein Amtmann einer königlichen Domäne hat die Hengstfohlen wegen schlechten Wetters erst am 13. November, also zwei Tage zu spät, in der Pfalz abgegeben.

Setze einmal aus!

Abgabe aus einem dem Domstift zu Münster geschenkten Gut. „Es soll jährlich am Tag vor dem Allerheiligenfeste, also am 31. Oktober, den Brüdern insgesamt eine Abgabe von 60 Broten, ebensoviel Käsen und einer Kerze ergebenst gereicht werden."

Einmal aussetzen!

Am 31. Dezember entrichten die Hofstellenbesitzer rechtzeitig vor Beginn des neuen Jahres den Haferzins.

Du darfst nochmals würfeln!

Der königliche Amtmann hat an einem Tag vergessen, die Abgaben und Dienste für die Hofhaltung Karls des Großen in das Rechnungsbuch einzutragen.

Setze auf Feld 1 zurück!

Du übergibst als Grundherr eine Hufe mit der Bedingung, am Feste des Hl. Johannes des Täufers (24. Juni) 5 Schillinge Geld und am Feste des Hl. Adolf (29. August) 4 Pfennige, 4 junge Hühner und 10 Eier zu bekommen.

Rücke ein Feld vor!

Aus dem Freiheitsbrief von Beaumont 1182: „Wer außerhalb der Mauern einen Garten besitzt, uns jährlich 12 Pfennige zinst, und zwar am Hl. Abend." Du musst dich von diesem Zinsgang erholen.

Setze einmal aus!

Ein Amtmann hat zum St. Andreastag (30. November) 8 Pfund Wachs an die königliche Hofhaltung abgegeben, zwei Pfund mehr als gefordert.

Rücke zwei Felder vor!

Du bestimmst als Bischof des Bistums Hildesheim für alle Hörigen eines Klosters, dass jeder, der eine Hufe hat, jährlich am St. Moritztag (22. September) dem Propst 10 Schilling zu zahlen hat. Die armen Bauern können das Geld nicht aufbringen. Sie bitten um Aufschub.

Zweimal aussetzen!

Jeden Hof und jede Hofstelle und jedes besondere Haus verzehntet man mit einem Huhn am St. Martinstag (11. November).

Gehe 11 Felder vor!

Der Amtmann eines Haupthofes hat den Befehl des Königs befolgt und als Meier keine vornehmen Leute eingestellt.

Als Anerkennung darfst du vier Felder überspringen!

Aus dem Hofrecht des Klosters Muri: „Am Fest des Hl. Sergius (7. Oktober) übergeben die Hufner ein linnenes Tuch von 12 Ellen Länge und 3 Ellen Breite, wenn sie Leinsamen erhalten haben." Die Saat ist schlecht aufgegangen. Die Abgabe kann nicht erbracht werden.

Für dich ist das Spiel zu Ende!

Der Grundherr hat festgestellt, dass die Zäune an den Feldern repariert werden müssen. Du musst die Arbeit erledigen und brauchst zwei Tage Zeit dazu.

Gehe fünf Felder zurück!

Du bist ein höriger Bauer des Erzbischofs von Trier. Von deinen Weinbergen musst du vier Eimer Wein am St. Martinstag (11. November) entrichten.

Rücke vier Felder vor!

Aus dem Hofrecht von Muri: „In der Zeit von St. Andreas (30. November) bis Lichtmeß (2. Februar) muss der Hufner einen Ochsen oder eine Kuh für das Kloster füttern oder das dafür nötige Heu liefern." Deine eigenen Tiere leiden Futternot.

Gehe zwei Felder zurück!

Aus der Dienstleistung für das Domkapitel zu Meißen: „Dreimal jährlich sollen sie von jeder Hufe Pflugdienst leisten. In der Erntezeit sollen sie von jeder Hufe an einem Tage Garben binden und an zwei Tagen sollen sie mit Sicheln mähen. Dir fehlt die Zeit für den eigenen Hof.

Setze zweimal aus!

Du besitzt eine Hufe des Klosters Ettenheimmünster. Zum St. Andreastag (30. November) musst du als Abgabe ein Schwein entrichten.

Glück gehabt. Du darfst nochmals würfeln!

In der Zeit vom Fest des Hl. Johannes bis zum Fest des Hl. Remigius (24. Juni bis 1. Oktober) fronen die Hufner täglich außer an den Festtagen. Du hast keine Zeit, dich um deine eigene Hofstelle zu kümmern.

Beginne nochmals bei Feld 5!

Aus einer Abgabenordnung von 1490: „Auf Ostern die Eier, auf St. Johannstag den Wiesenzins, auf St. Gallus (16.10.) das Korn, Gänse auf Martini, Hühner im Mai oder ein Herbstschwein zu St. Andreas." Du konntest dem Grundherrn alle Abgaben pflichtgemäß stellen.

Du darfst nochmals würfeln!

„Um ihrer Seele willen …"

Ein Blick auf die Lebensformen im Mittelalter

Mit dem Mittelalter verbinden heutige Schülerinnen und Schüler in erster Linie Ritter und Hexen, Fachwerkhäuser und Burgen. Bei den Erwachsenen hat sich das „finstere" Mittelalter als fester Begriff eingebürgert, als eine Zeit, in der Aberglaube und Unwissenheit herrschten: Recht und Unrecht wurden durch die Folter bestimmt, der Grundherr herrschte absolut und despotisch, der Kaiser führte ein glanzvolles Leben in seinen Pfalzen, und gegen die Ungläubigen wurden Kreuzzüge geführt.
In der Entscheidungssituation, die in einem Rollenspiel entsteht und die durch den handlungsorientierten Ansatz vorbereitet wird, erarbeiten die Schüler selbst die „klassischen" Lebensformen der mittelalterlichen Gesellschaft.

Eva Maria und Wilhelm Lienert

Oberflächliches Wissen oder Klischees?

Verschiedene Befragungen von Schülern, die die Autoren dieses Beitrags in siebten Klassen durchführten, belegen, woher die Schüler ihr Vorwissen haben. „War es so, wie man es in Filmen zeigt?", will eine Schülerin wissen. Bei den Fragen kristallisieren sich zwei Schwerpunkte heraus. Einerseits interessieren die Jugendlichen sich für das Aussehen und die Kleidung der Menschen, ihre Nahrung, ihre Arbeit und ihre Berufe – kurz ihren Alltag in der Stadt und auf dem Lande mit auffälligen Spezialfragen nach dem Wetter und dem Geld. Andererseits möchten sie mehr über die Ritterzeit erfahren, über Waffen und Turniere, wie Burgen gebaut und Kriege geführt wurden; es zeigt sich vor allem ein technisches Interesse. Sie interessieren sich aber auch dafür, wie man König wurde (siehe auch S. 16 i.d.H.), welche Strafen es gab, wie Hexenverfolgungen abliefen und welche Hilfen es bei Krankheit gab. Und je nach aktuellem Fernsehprogramm spielen *Jeanne d'Arc* oder *Merlin* eine wichtige Rolle für die Schüler.

Sicher ist es vermessen, ein Zeitalter, das fast sieben Jahrhunderte umfasst, vollständig in einer Unterrichtseinheit erschließen zu wollen. Mit Blick auf die Interessenlage unserer Schüler ist die didaktische Reduktion sehr entscheidend. In den Schulbüchern umfasst die Zeit des Mittelalters viele Seiten, in der Regel gegliedert in Kapitel wie „Stadt", „Burg", „Kloster" und „Landbevölkerung". Unser Unterrichtsmodell greift auf diese Bereiche zurück, setzt sie aber in methodischer Hinsicht „spielerischer" um.

Fernes nahebringen

Angesichts des Themas und der Umsetzung durch „neue" ungewohnte Lernformen kann insbesondere bei jüngeren Schülern ein gewisses Engagement vorausgesetzt werden. So bieten auch die vielen Sach- und Jugendbücher für diese Altersstufe eine gute Grundlage für die Freiarbeit, wenn sich die Schüler selbstständig mit einem der ausgewählten Bereiche befassen sollen. Die oft kurzen Texte (z. B. in Reihen wie „Sehen – staunen – wissen", „Was ist was?" oder „So lebten sie …") ersparen den Schülern das Zusammenfassen von längeren Passagen, eine von den meisten als unangenehm empfundene Aufgabe.

Bei der Einübung historischer Techniken (u. a. Umgang mit Quellentexten) liegt zudem die Gefahr nahe, die Schüler dieses Alters zu überfordern. Vor allem Schüler nicht-deutscher Muttersprache (Ausländer wie Aussiedler) verfügen ohnehin meist nur über einen sehr begrenzten Wortschatz und sind grammatikalischen und stilistischen Feinheiten der deutschen Sprache kaum gewachsen. Dieses Unterrichtsmodell verzichtet bewusst auf Textquellen, das Bildmaterial schafft zusätzlich eine optische, daher leichter zugängliche Begegnung mit jener Zeit.

Das Mittelalter in politischer Sicht

Unsere Vorstellung vom Mittelalter ist geprägt von der Frage nach der Herrschaft über Europa, vom Kampf zwischen Kirche und weltlicher Macht, zwischen Papst und Kaiser. Das feindliche Eindringen fremder Kulturen (Araber, Mongolen) wird wiederholt zur Gefahr für das „christliche Abendland"; aber auch Fürsten streiten um den Einfluss im Heiligen Römischen Reich, kämpfen um die Besetzung des Kaiserthrons, bekriegen sich gegenseitig und machen sogar vor dem gewählten Kaiser nicht Halt.

Die Herrschergeschichte ist umfangreich und sicherlich nicht ohne Spannung, doch den Schülern nur schwer zu vermitteln. Ihnen fehlen in den Schulbüchern in erster Linie Identifikationsmöglichkeiten.

Albert Schmelzer fordert in seinem Basisbeitrag zu diesem Themenheft (S. 6 ff. i.d.H.), das soziale Einfühlungsvermögen bei den Kindern stärker zu fördern und sie für die Andersartigkeit von Mentalitäten und gesellschaftlichen Verhältnissen zu sensibilisieren. Dazu muss die innere Erlebnisfähigkeit der Kinder angeregt werden, durch handlungsorientierten Unterricht sollen in ihnen Personen entstehen, mit denen sie sich identifizieren können. Doch Geschichte wird nicht nur erlebt, sie wird auch gestaltet, sie wird durch Personen verändert. In unserem Modell können die Schüler Entscheidungen treffen und sich Urteile über das aus der jeweiligen Zeit heraus bedingte Verhalten der Menschen bilden.

Konkreter Ausgangspunkt

Um den Schülern die Grundstrukturen der mittelalterlichen Welt zugänglich zu machen, wird ihnen eine fiktive Situation an einer „Fährstation" vorgegeben, wo Menschen aus unterschiedlichen Ständen zwangsläufig zusammentreffen konnten. In diesem Rollenspiel sind es typische Vertreter ihres Standes, sie bieten zugleich den Schülern die Möglichkeit zur Identifikation. Jede Person ist aus einem wichtigen Grund unterwegs und – obwohl der Zeitfaktor im Mittelalter noch keine so große Rolle spielte wie heute – kann sich keine Verzug leisten. Da kommt die Nachricht, dass eine weitere Person auf die andere Seite des Flusses will – das bedeutet jedoch, dass einer der Passagiere zurückbleiben muss. Die Reisenden müssen eine Entscheidung treffen!

Diese Ausgangssituation verlangt von den (zuvor eingeteilten) Schülergruppen eine intensive Beschäftigung mit den Lebensumständen und den historischen Zwängen der jeweiligen Person, die sich aus deren Umfeld und Position ergeben, sowie deren Plänen bzw. ihrem Auftrag. Diese Vergegenwärtigung ist zwingend notwendig, um die gestellte Aufgabe zu lösen und eine Entscheidung treffen zu können.

Reisegründe

■ **M 1:** Die Edelfrau will ihren geliebten Gatten aus der Gefangenschaft freikaufen; sie schildert die wirtschaftliche Bedeutung der Burg und das Lehenswesen, sie verweist auf die Schutzfunktion der Burg für die Bauern und dass der Adel seinen Auftrag erfüllt – trotz aller Unannehmlichkeiten des Lebens in einer Burg.

■ **M 2:** Der Geselle betont die Bedeutung des Lernens bei anderen Meistern, denkt über die Probleme seiner Wanderschaft nach, hebt seine bisherige Ausbildung und das Zunftwesen in seiner Stadt hervor und erklärt die wichtige Rolle des Handwerks für die mittelalterliche Gesellschaft.

■ **M 3:** Der Kaufmann erläutert die Bedeutung des Handels, die Schwierigkeiten mit den verschiedenen Maßen, Gewichten und Münzen, die ständige Gefahr auf Reisen durch Überfälle oder Unfälle. Er erzählt vom Marktrecht und der Freiheit in den Städten, die den Reichtum des Landes bestimmen.

■ **M 4:** Die Bäuerin, die zu dieser Reisegruppe stößt, muss nicht als Rolle ausgestaltet werden, da sie als Schwester des Fährmanns als Fahrgast feststeht. Je nach Anlage des Rollenspiels kann sie sich jedoch selbst vorstellen oder von der Wirtin im Gespräch mit den Reisenden eingeführt werden. Hier würde ein Schulbuchtext über das Leben der Bauern im Mittelalter ausreichen.

(Hinweis: Eine andere wichtige Gruppe der mittelalterlichen Gesellschaft wird in einem Beitrag zum Kloster Maulbronn in Praxis Geschichte H. 6/2003 vorgestellt. In einem Dominospiel durch das Kloster können die Schüler wichtige Einblicke in das Leben der Mönche und Nonnen gewinnen und mit der hier vorgestellten Reisegesellschaft verbinden. Durch die Rollenbeschreibung einer Nonne kann das vorliegende Rollenspiel dann auf vier Personen ausgeweitet werden!)

Spielen – Denken – Handeln

Die Schüler sollen die notwendigen Sachinformationen zum Rollenspiel in spielerischer Form in Einzelarbeit oder Zweiergruppen erarbeiten. Das hat den Vorzug, dass neben kognitiven Inhalten auch emotionale und soziale Lernziele erreicht werden können.

■ **M 5:** Die Edelfrau erzählt aus ihrem Leben und von der Bedeutung der Burg. Diese Geschichte ist in ein Detektivspiel eingebettet. Zunächst können die Schüler die einzelnen Gebäude der Burg benennen und herausfinden, wo sich die Gründungsurkunde befindet (eingearbeitet in den Wandteppich im Rittersaal!). Dann wird das Gelesene in die schriftliche Anweisung an den Eindringling umgesetzt. Auch Sachfächer können so ihren Beitrag zur Steigerung der Lesefähigkeit leisten.

■ **M 6 – M 8:** Die beiden Männer (Kaufmann und Geselle) begegnen sich auf dem Spielbrett in einer mittelalterlichen Stadt. Hier kann bei einfachen Entscheidungsfragen schon Bekanntes wiederholt werden (Lösungen fett gedruckt!). Wer mehr weiß oder geschickter kombiniert, wird als Erster sein Ziel erreichen. Auch können hier die Schüler bewusst zum Raten aufgefordert werden, musste doch auch der Reisende im Mittelalter oft mit nur vagem Wissen Entscheidungen treffen, die ihm Vor- oder Nachteile brachten.

So wird für jede Person im Rollenspiel *vorher* ihre Bedeutung und die Wichtigkeit ihrer Aufgabe vermittelt, die Schüler können mit diesem Vorwissen dann argumentieren. Natürlich werden heutige Menschen, und erst recht Sechst- oder Siebtklässler, aus ihrer Sicht argumentieren, Sympathie oder Antipathie für die historische Person oder gar für ihre aktuelle Verkörperung eine wichtige Rolle spielen. Ausschlaggebend ist, dass sie sich dabei intensiv mit den typischen Vertretern der mittelalterlichen Gesellschaft auseinandersetzen, ihre Lebensumstände kennen und verstehen lernen.

Sollten diese Entscheidungen gravierende historische Fehler enthalten, muss der Lehrer dies berichtigen. Hierzu eignet sich ein nachgeschobener Sachtext (z. B. über die Vorrechte des Adels) ebenso wie ein selbst verfasster Bericht über das Schicksal des Zurückgebliebenen (z. B. „Kaufmann ausgeraubt"). Wer tatsächlich hätte an der Fährstation zurückbleiben müssen, können wir ohnehin nur vermuten.

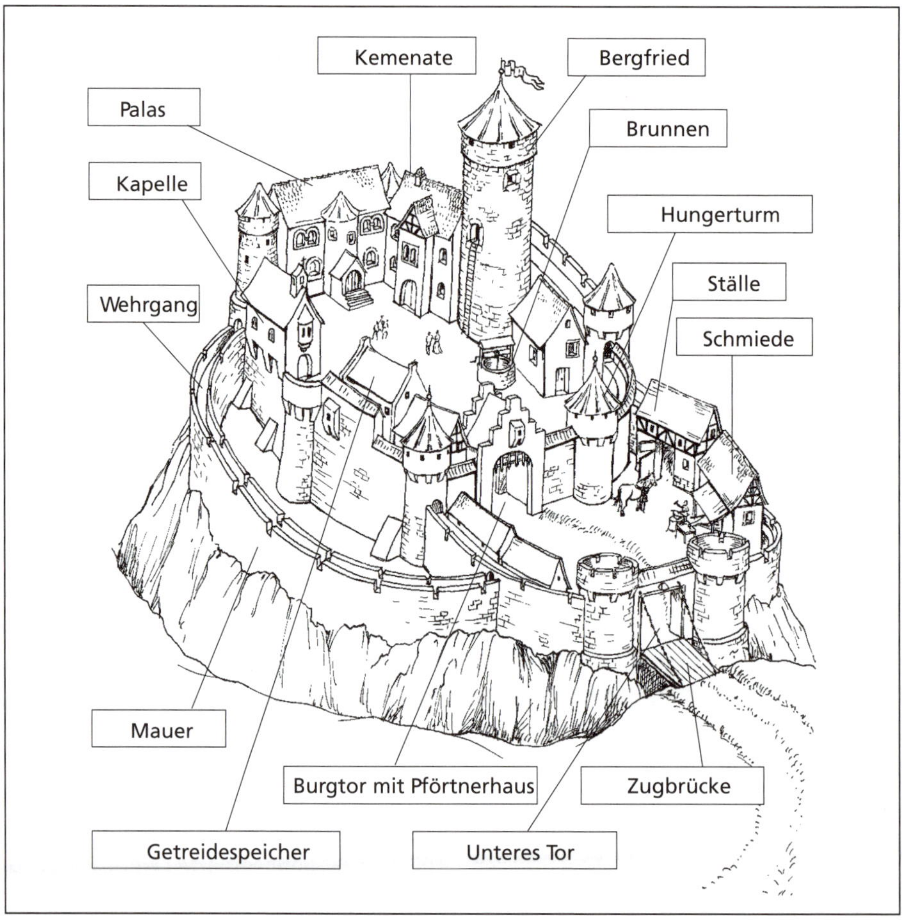

Wo befindet sich die Gründungsurkunde? (siehe M 5)

Quelle: nach Durchblick. Geschichte/Politik 5/6 NRW. Arbeitsheft. Westermann Schulbuchverlag 2001, S. 35

Situation: „Am Fährhaus“

Das Fährhaus liegt etwas abseits der großen Fernhandelsstraßen, deshalb kommen nicht allzu viele Reisende hierher. Die Wirtsstube ist nur klein, dahinter schließt sich der Stall an. Im oberen Stockwerk befindet sich die Wohnung des Wirtes und in zwei Kammern wohnen die Knechte und die Magd. Wenn Gäste hier übernachten müssen, können auch sie dort oben beim Gesinde schlafen. Aber das passiert selten, im Gegensatz zu den großen Fährstationen, wo die Reisenden oft tagelang auf die Weiterfahrt warten müssen und dann nicht nur Zeit verlieren, sondern auch für Kost und Logis noch viel Geld brauchen.

Aber heute könnte es für die wartenden Gäste in der verrauchten Stube doch noch schwierig werden, auf die andere Flussseite zu kommen. Den ganzen Tag treiben schon Eisschollen flussabwärts, denn im Gebirge hat wohl dieses Jahr schon Ende März die Schneeschmelze eingesetzt. Es war in den letzten beiden Wochen auch schon sehr frühlingshaft, aber heute Nachmittag kam Sturm auf und über den Himmel trieben dunkle Gewitterwolken. Keiner kann sagen, ob sich der Fährmann noch einmal über den Fluss trauen wird, wenn der Sturm das Wasser aufwühlt und der Regen den Fluss ansteigen lässt. Auch für die Passagiere wird die Überfahrt dann eine große Gefahr. Aber wenn die Eisschollen noch zahlreicher werden, ist morgen vielleicht gar keine Überfahrt mehr möglich – und dann sitzen die Reisenden vielleicht gar eine ganze Woche hier fest. An einen Umweg über die große Fährstation (eine halbe Tagesreise flussabwärts!) ist auch nicht zu denken, denn der dortige Fährmann besitzt das Wirtshaus auf dieser Flussseite und wird seine Gäste nicht so schnell wegbringen wollen.

Foto: Österreichische Nationalbibliothek Wien

M | 1 Edelfrau Mechthild von Felseck

Foto: bpk

Mechthild von Felseck (32 Jahre) ist Mutter von vier noch lebenden Kindern. Ihr Ehemann **Richard** ist vor vierzehn Monaten mit dem König auf einen Feldzug fortgeritten, und lange hat sie nichts von ihm gehört. Vor vier Monaten erfuhr sie von einem fahrenden Sänger, der auf ihre Burg kam, dass der Feldzug erfolgreich beendet wurde und ihr Mann vom König mit großem Lob und Ehren verabschiedet worden sei; zu Hause angekommen ist er aber seitdem noch nicht. Sie hatte Boten ausgesandt, auch an den Königshof war einer ihrer Knechte geritten – aber er bestätigte nur das, was der Troubadour schon mitgeteilt hatte.

Vor drei Wochen dann erfuhr sie zu ihrem Schreck, dass der **Ritter von Rauenhorst**, der seine Burg jenseits des Flusses hat und mit dem König in Fehde lebt, einen Gefangenen gemacht hat. Wieder hat sie einen Boten ausgesandt und vor vier Tagen die schreckliche Gewissheit erhalten, dass dieser Gefangene ihr Mann ist. Sofort hat sie sich aufgemacht, um persönlich mit dem alten **Rauenhorster** zu verhandeln und ihm ein Lösegeld anzubieten. Hierzu hat sie etwas von ihrem Schmuck mitgenommen. Aber vor allem muss sie herausfinden, was der **Rauenhorster** ihrem Mann schon von der königlichen Belohnung geraubt hat. Notfalls kann sie ihm schließlich noch etwas vom Zehnten anbieten, den die Bauern bei ihr abliefern müssen. Aber das würde noch Wochen dauern, bis sie dem alten Raubritter dieses Lösegeld bringen könnte.

Jetzt wartet sie auf den Kahn, der sie und ihren Knecht an das andere Ufer bringen soll. Ihr Reisewagen soll hier auf sie warten; am anderen Ufer wird sie Pferde mieten, um rasch weiterzukommen.

M | 2 Goldschmiedegeselle Nikolaus

Nikolaus (18 Jahre) ist der Sohn eines angesehenen Goldschmieds, dessen guter Ruf weit über seine Heimatstadt hinaus bekannt ist. Er hat bei seinem Vater und zwei Meistern in seiner Stadt gelernt und gearbeitet und will jetzt nach sechs Jahren Lehrzeit als gut ausgebildeter Geselle auf Wanderschaft gehen. Er will die Arbeitsweise der französischen und spanischen Goldschmiede kennen lernen und wird wohl viele Jahre von zu Hause fort sein.

Als letzten Auftrag hat er von seinem Vater einen wertvollen Ring mitbekommen, den er rechtzeitig zur Hochzeit eines wohlhabenden Kaufmanns auf der anderen Flussseite abliefern soll. Dieser ist nicht nur ein guter Kunde, sondern auch ein guter Freund der Familie, er hat viel bei **Nikolaus'** Vater bestellt und immer pünktlich bezahlt. Auch hat er weitreichende Verbindungen und wird **Nikolaus** sicher einige Empfehlungsschreiben mitgeben, die es dem jungen Gesellen ermöglichen werden, nicht nur von Goldschmiedemeister zu Goldschmiedemeister zu ziehen, sondern unterwegs auch einige Städte und ihre Kathedralen anzusehen und von Kaufleuten in dieser Stadt beherbergt zu werden. Mit dem Ring darf er also auf keinen Fall zu spät ankommen, schließlich hängen davon die Hochzeit des Kaufmanns und das Gelingen seiner weiteren Reisepläne ab.

M | 3 Tuchhändler Balthasar aus Ravensburg

Balthasar (42 Jahre) ist ein angesehener und erfahrener Tuchhändler aus Ravensburg. Heute ist er mit nur einem Gehilfen auf dem Weg zur Messe nach Köln, von dort will er nach Flandern weiterreisen, um die neuesten Stoffe zu begutachten und zu bestellen und dort vielleicht auch einen guten Gesellen zu überreden, mit seinem Fachwissen in Deutschland zu arbeiten. Denn die schwäbischen Schneider müssen lernen, auch so gutaussehende und passende Kleidung herzustellen wie die Franzosen und die Holländer. Nur dann kann er mit seinem Tuchhandel konkurrenzfähig bleiben.

Einige Fuhrwerke mit seiner Ware, dem groben Leinen aus Oberschwaben, hat er bereits vor Wochen nach Köln vorausgeschickt, denn die Wege sind schlecht und die Ochsenkarren brauchen lange. Er selbst ist ein guter Reiter und konnte deshalb später aufbrechen. Sein Pferd hat er beim Fährwirt eingestellt, das soll in zwei Wochen sein Verwalter auf dem Rückweg von der Messe abholen. Auf der anderen Flussseite wird er für sich und seinen Gehilfen zwei Pferde kaufen, die sie nach Köln bringen sollen, denn seine Anwesenheit auf der Messe ist für ihn ungeheuer wichtig.

M | 4 Bäuerin Barbara

Fotos: akg-images

Barbara, die Bäuerin, ist 29 Jahre alt. Sie stammt von der Fährstation am anderen Flussufer und hat vor sieben Jahren einen verwitweten Bauern auf dieser Seite geheiratet. Ihr Bruder, der Fährmann, hat damals mit dem Pfarrer alles in die Wege geleitet, so kam der Witwer mit seinen fünf Kindern wieder zu einer Frau, und sie ist jetzt auch gut versorgt. Selbst wenn ihr Mann stirbt, bleibt auf dem Hof genug für sie und ihre vier Kinder, und wenn ihr ältester Stiefsohn später den Hof erbt, muss er ihr reichlich abgeben. Dies steht so in dem Vertrag, den ihr Bruder und ihr Mann aufgesetzt haben. Und von ihrer Mitgift sind auch noch fast alle Kleider, das Geschirr und die Bettwäsche gut erhalten.

Heute liegt aber ihre Mutter im Fährhaus auf der anderen Flussseite im Sterben, wahrscheinlich wird sie den nächsten Morgen nicht mehr erleben. Ihr Bruder wird gleich nach seiner Ankunft an der Fährstation, wo alle Passagiere warten, einen Knecht zu ihr schicken, damit sie sich rasch fertigmacht und mit ihm übersetzt, denn es ist der sehnsüchtige Wunsch der Mutter, vor dem Tode ihre Tochter noch einmal in die Arme schließen und mit ihr beten zu können.

M | 5 In einer mittelalterlichen Burg

Du bist der Wirt. Schon lange weißt du von der wertvollen Gründungsurkunde auf Burg Felseck, die der Graf von Raittenberg gern hätte, weil er hofft, daraus einen Vorteil für sich ableiten zu können, notfalls durch Fälschung. Und jetzt sitzt die Edelfrau von Felseck hier, in deiner Schenke. Wenn du aus ihr herauslocken könntest, wo in der Burg die Urkunde aufbewahrt wird, könntest du sicherlich vom Grafen Raittenberg einen Batzen Geld bekommen. Du schickst deine Frau, die mit der Edelfrau ein Gespräch beginnt, sie über das Leben in der Burg fragt und dabei möglichst herausbekommen soll, wo das wichtige Schriftstück aufbewahrt wird.

Die Wirtin, trägt einen gebratenen Hasen auf.
Edelfrau, verwundert: Habt Ihr heute das Fest eures Kirchenheiligen, oder wieso gibt es bei euch sonst mitten in der Woche Fleisch?

Wirtin: Nun, ich dachte, das seid Ihr gewöhnt, als edle Burgherrin.

Edelfrau, lacht: Da denkt Ihr falsch. Wild gibt es bei uns schon öfter als bei den Bauern, schließlich hat mein Mann ja das Jagdrecht. Aber seit 14 Monaten ist er nicht mehr zu Hause. Was denkt Ihr, was die Bauern da wildern – und unsere Knechte bringen auch nicht immer jedes erlegte Tier mit auf die Burg.

Wirtin: Was esst Ihr denn dann?

Edelfrau: Wie alle: Brot, Fisch, Suppen und Kohl. Aber wir haben auch einen Obstgarten unten am Fluss, wo Äpfel und Birnen wachsen, vom Kloster bekommen wir regelmäßig Kräuter und die durchziehenden Händler verkaufen uns Gewürze.

Wirtin: Da müssen Eure Mägde ja recht geschickt sein, wenn sie mit solch seltenen Gewürzen kochen können. Und im Spinnen sind sie auch nicht schlecht, wie man an Eurem Gewand sieht.

Edelfrau, lacht: Habt Dank für das Lob, aber das Kleid habe ich selbst gemacht.

Wirtin: Selbst ausgestickt?

Edelfrau: Wo denkt Ihr hin! Ich habe selbst die Wolle gesponnen, das Tuch gewoben, es genäht und dann natürlich bestickt.

Wirtin: Dass Ihr dazu Zeit habt!

Edelfrau: Warum nicht? Ich kann doch nicht nur die Wandteppiche für den Rittersaal aussticken. Obwohl ich auch darin sehr geschickt bin. Das hat schon meine Erzieherin, die alte Burggräfin Reußenstein gesagt. Ihr solltet einmal den Wandteppich sehen, der die Erbauung unserer Burg zeigt, da ist die Gründungsurkunde so eingestickt, dass man sogar die Inschrift lesen kann. Auch der Kaiser hat meine Arbeit sehr gelobt, als er vor zwei Jahren auf unserer Burg übernachtete und mein Mann bei dieser Gelegenheit den Treueschwur erneuerte.

Wirtin: Ja, wer könnte das vergessen, als der Kaiser mit seinem prachtvollen Gefolge bei uns durchzog. Wie habe ich mir gewünscht, auch nur eine von seinen Mägden zu sein. Wie hätte ich es da gut.

Edelfrau: Täuscht Euch nicht. Was glaubt Ihr, wo das Gesinde untergebracht war? Zum Glück war es Sommer und sie konnten alle im Burghof und im Hof der Vorburg Ihr Lager aufschlagen. Da hatten sie auch gleich frisches Wasser vom Brunnen.

Wirtin: Habt Ihr denn nicht unzählige Räume auf Eurer Burg? Da gibt es doch das prachtvolle Steinhaus, das man schon von Weitem sieht.

Edelfrau: Aber nein. Das ist der Palas mit seinem prächtigen Eingang, das wichtigste Gebäude der ganzen Burg. Im ersten Stock befindet sich der Rittersaal, und darüber sind Schlafräume für die Gäste des Burgherrn. Und unten bewahren wir die Sitzbänke und die Tafeln auf, die wir bei den Festen brauchen.

Wirtin (während sie spricht, kaut sie ein Stück von dem Knödel, den die Edelfrau zurückgeschoben hat): Und die Küche?

Edelfrau: Eine Kirche haben wir nicht, dazu ist unsere Burg zu klein. Aber natürlich haben wir eine Kapelle neben dem Palas, wo der Pfarrer aus dem Dorf regelmäßig für uns die Messe liest.

Wirtin (jetzt mit deutlicherer Aussprache): Verzeiht, ich fragte nach der Küche.

Edelfrau: Ach so. Die befindet sich auf der anderen Seite neben dem Palas und darüber habe ich meine Gemächer, die Kemenate.

Wirtin: Müsst Ihr denn auch selbst kochen?

Edelfrau: Nein, aber im Winter ist es sehr praktisch, denn durch das Feuer und den Kamin ist es in diesen Räumen recht warm und angenehm. Außerdem sind unsere Frauengemächer nicht so groß und hoch und können mit den Fackeln erhellt werden. Der Rittersaal ist der kälteste Raum in der ganzen Burg. Die Fensteröffnungen sind noch ohne Glas und selbst wenn wir Bretter vor die Fenster nageln, zieht der Wind durch die Ritzen. Was denkt Ihr, wie da sogar die Wandteppiche manchmal flattern. Ich habe da richtig Angst um die wertvolle Urkunde. Selbst im Sommer ist es ständig kühl, weil es auf dem Berggipfel immer zieht.

Wirtin: Könnt Ihr es denn auf dem hohen Turm überhaupt aushalten?

Edelfrau: Unser Bergfried ist ja nicht bewohnt. Dahin würden wir nur flüchten, wenn Feinde bis in den Burghof eingedrungen wären. Aber das ist nicht so einfach. Zuerst schützt uns das Tor mit der Zugbrücke und dem Fallgitter, dann kommt der Hof der Vorburg. Dort laufen die Gänse und Hühner und Hunde herum, dort arbeitet der Schmied und wenn sich da ein Fremder einschleichen würde, bliebe er nicht lange unentdeckt. Und das eigentliche Burgtor hätte der Fremde auch noch vor sich.

Wirtin: Wie kommt man denn dann überhaupt bis zu Euch?

Edelfrau: Nun, unsere Knechte kennen unsere Besucher, die Kaufleute, die Minnesänger und die anderen edlen Herren. Manche Gäste haben auch ein Empfehlungsschreiben bei sich.

Wirtin: Und wenn die Bauern Ihre Abgaben bringen?

Edelfrau: Bauern oder auch Bettler werden vom Fronmeister in der Vorburg abgefertigt. Die kommen gar nicht erst durch die Torhalle in den eigentlichen Burghof. Denn da könnte schnell einer in einem unverschlossenen Gebäude verschwinden und etwas stehlen.

Wirtin: Aber der käme doch sicher nicht unentdeckt aus der Burg heraus!

Edelfrau: Er müsste in einem Mauerturm zum unteren Wehrgang hinabsteigen und sich im Vorhof unter die Bauern mischen. Deren Wagen werden nur sehr selten durchsucht. Wir müssen schon sehr aufpassen, wer in den hinteren Bereich der Burg kommt.

Wirtin: Und so einen Eindringling würdet Ihr sicher gleich ins Verlies werfen lassen.

Edelfrau: Das ist im Hungerturm und wer dort sitzt, kommt von selbst nicht mehr heraus. Aber mein armer Mann schmachtet jetzt selbst in solch einem Kerker.

Wirtin, versucht sie abzulenken: Der andere Burgherr wird ihn schon nicht umkommen lassen. Wenn euer Mann tot ist, kann er für ihn kein Lösegeld mehr fordern. Bedenkt dies.

Edelfrau: Aber seine Ehre leidet. Sein Stolz. Schließlich hat ihm der Kaiser wegen seiner Tapferkeit die Burg überlassen. Und die hat er schon gegen zwei Angreifer verteidigt.

Wirtin: Habt Ihr denn so viele Bewaffnete auf der Burg?

Edelfrau: Das nicht, aber unsere Knechte können gut die Lanze und den Knüppel führen und die drei Knappen sind recht gute Bogenschützen.

AUFGABEN

- Hast du herausgefunden, wo die Urkunde aufbewahrt wird? Beschreibe dem Dieb den Weg durch die Burg dorthin!

Zugbrücke – Bergfried – Unteres Tor – Ställe – Schmiede – Brunnen – Mauer – Wehrgang – Getreidespeicher – Palas – Burgtor mit Pförtnerhaus – Kapelle – Kemenate – Hungerturm

Quelle: Westermann Schulbuchverlag

M | 6 Fremd in der Stadt

Quelle: Stadtarchiv Ulm, Foto: Wolfgang Adler

M | 7 Fragen/Aussagen des Gesellen

Du bist ein Geselle auf Wanderschaft (gelbe Spielfigur). Du bist soeben in dieser fremden Stadt Ulm an der Donau angekommen und möchtest sie dir noch ein bisschen genauer ansehen, bevor du zur Abendmesse in die Stadtkirche gehst. Nun stehst du am Stadttor und dein Gegenüber stellt dir an jedem Punkt deines Stadtrundgangs eine Frage. Kannst du sie richtig beantworten, darfst du zum nächsten Feld weiterziehen, antwortest du falsch, bleibst du an deinem Platz und musst die Frage beim nächsten Mal richtig beantworten. Ihr zieht abwechselnd und stellt euch nach jedem Zug eine Frage. Ob dein Mitspieler richtig geantwortet hat, kannst du leicht erkennen, denn die richtige Lösung ist fett gedruckt.

1. Hinter diesem mächtigen Tor beginnt also die Stadt! Als mein Meister vor 19 Jahren aus Augsburg in unsere Stadt kam,
   - war er schon so reich, dass er sich ein großes Haus auf dem Marktplatz kaufen und dort seine Werkstatt und sein Geschäft einrichten konnte.
   - **hat er die Tochter von Meister Vinzenz geheiratet, damit er als Meister zugelassen werden konnte.**

2. Als Goldschmied ist mein Meister natürlich Mitglied der Zunft. Diese regelt auch, wie die Lehrbuben ausgebildet werden. Viele Jungen beginnen ihre Lehre im Alter
   - **von 7 Jahren, anstatt eine Schule zu besuchen.**
   - im Alter von 12 Jahren, nachdem sie Lesen und Schreiben gelernt haben.

3. Weil ich so geschickt war,
   - **hat mir mein Meister die Lehrzeit um ein Jahr verkürzt.**
   - hat mir die Zunft das Lehrgeld, also die Ausbildungskosten, zurückgezahlt.

4. Wenn die Geschäfte gut gehen,
   - will mein Meister noch zwei Gesellen einstellen.
   - **werden mein Meister und ich ein paar Stunden mehr arbeiten müssen.**

5. Das ist hier nicht gerade das beste Wohnviertel. Es stinkt ja scheußlich. Wer hier wohl wohnt? Auch in unserer Stadt gibt es viele „unehrliche Leute“, das sind
   - Menschen, die wegen Diebstahl oder Betrug schon einmal bestraft wurden.
   - **Menschen mit einem Beruf, der kein gutes Ansehen hat.**

6. Dieses prächtige Gebäude ist also das Rathaus. In unserer Stadt ist mein Meister sehr angesehen und
   - wurde sogar zum Bürgermeister gewählt.
   - **wurde von der Zunft als Zunftmeister (Vorsitzender) bestellt.**

7. Schon wieder ein Stadttor. Aber ich werde noch ein paar Wochen in dieser Stadt bleiben, denn ich bin jetzt auf „Wanderschaft“,
   - **um einfach in anderen Städten Erfahrungen zu sammeln.**
   - damit ich dann meine Gesellenprüfung ablegen kann.

8. Die Frau meines Meisters
   - **muss für die Gesellen kochen.**
   - muss für den Meister die Rechnungen schreiben.

9. Das hier scheint der Marktplatz zu sein, aber leider bauen die Händler ihre Stände schon ab. Doch heute Mittag muss hier einiges los gewesen sein. Sehr beliebt in der Stadt sind die Gaukler,
   - **weil sie die Menschen an Markttagen mit ihren Aufführungen erheitern.**
   - weil sie gegen Bezahlung für die Sünden anderer Menschen Buße tun und damit dem Sünder den Weg in den Himmel sichern.

10. Zwischen Rathaus und Kirche gibt es ja prachtvolle Häuser. Bestimmt wohnen hier die Patrizier, aber
    - das sind nur sehr wenige, deshalb spielen sie fast keine Rolle.
    - **obwohl sie nur 1 % der Bevölkerung ausmachen, beherrschen sie die Stadt.**

11. Dieser Holzpflock ist wohl der Pranger. Die Strafen sind sehr streng, aber genau geregelt. Wegen eines Diebstahls kann
    - der Dieb auf Lebzeiten aus der Stadt verwiesen werden.
    - **dem Dieb die Hand abgehackt werden.**

12. Wie bei uns zu Hause! In jedem Haus unten im Erdgeschoss eine Werkstatt und der Bäcker dort drüben hat auch seinen Laden neben der Haustür. Mein Meister ist nicht nur ein tüchtiger Goldschmied, sondern auch ein geschickter Kaufmann,
    - der das Gold, das wir verarbeiten, direkt in Italien einkauft.
    - **der auch Kunden in anderen Städten hat.**

13. Die große Kirchenglocke ruft! Bald kommt wieder die Fastenzeit vor Ostern. Da wird die Meisterin
    - überhaupt nicht kochen und wir müssen den Braten kalt essen.
    - **uns immer wieder mit ihren leckeren Fischgerichten verwöhnen.**

14. Diese Kirche ist bestimmt größer als bei uns zu Hause. Hier finden die Menschen Schutz vor der ewigen Verdammnis. Den Schutz vor weltlichen Feinden bietet ihnen die Stadtmauer. Immer wieder wird in der Stadt zu Spenden aufgerufen für
    - den Bau der Stadtmauer.
    - **den Bau der Kirche.**

M | 8 Fragen/Aussagen des Kaufmanns

Du bist ein Kaufmann auf einer Handelsreise (blaue Spielfigur). Du bist soeben in dieser fremden Stadt Ulm an der Donau angekommen und möchtest sie dir noch ein bisschen genauer ansehen, bevor du zur Abendmesse in die Stadtkirche gehst. Nun stehst du am Stadttor und dein Gegenüber stellt dir an jedem Punkt deines Stadtrundgangs eine Frage. Kannst du sie richtig beantworten, darfst du zum nächsten Feld weiterziehen, antwortest du falsch, bleibst du an deinem Platz und musst die Frage beim nächsten Mal richtig beantworten. Ihr zieht abwechselnd und stellt euch nach jedem Zug eine Frage. Ob dein Mitspieler richtig geantwortet hat, kannst du leicht erkennen, denn die richtige Lösung ist fett gedruckt.

1. Das Stadttor habe ich nun glücklich passiert. Schließlich ist es die Aufgabe des Wächters, Zölle zu kassieren
   - von den Bauern aus der Umgebung, die ihr Vieh und ihre Früchte zum Verkauf in die Stadt bringen.
   - **von den Fernhandelskaufleuten, die mit ihrer Ware zum Reichtum der Stadt beitragen.**

2. Als Kaufmann erlebt man unterwegs ja vieles und ich bin froh, heil angekommen zu sein. Denn seit der Römerzeit sind die Straßen im Deutschen Reich
   - stark verbessert worden.
   - **sehr verfallen.**

3. Mein neuer Stallbursche kommt aus dem Dorf. Ich fürchte fast, er war bisher ein leibeigener Bauer. Aber bald wird er freier Stadtbürger sein, denn
   - an Martini wird er erstmals seine Steuern bezahlen.
   - **am Nikolaustag wird er ein Jahr und einen Tag in der Stadt leben.**

4. Da vorn sehe ich schon wieder die Stadtmauer, die den Stadtbewohnern Schutz und Sicherheit gibt. Als „freie Reichsstadt" darf sich eine Stadt bezeichnen, wenn sie
   - **frei vom Landesherrn ist und nur dem Kaiser untersteht.**
   - frei von Abgaben und Zöllen für die Fernhandelskaufleute ist.

5. Das ist also der Salzstadel. Mit Salz lässt sich sicher auch viel Geld verdienen. Ein wichtiges Handelsgut, mit dem man hohe Gewinne machen kann,
   - sind Diamanten.
   - **ist Safran.**

6. Das Kontor ist
   - das Lager des Kaufmanns.
   - **das Büro des Kaufmanns.**

7. Wer als Kaufmann tätig ist, muss sich mit Fremdwörtern wie Giro, Konto und Bankrott auskennen. Sie stammen aus
   - dem Englischen.
   - **dem Italienischen.**

8. Hier im Süden ist vieles anders als an der Küste. Dort haben sich viele norddeutsche Städte zur „Hanse" zusammengeschlossen. Die Hanse bietet den Kaufleuten
   - ein einheitliches Maß-, Gewichts- und Münzsystem und sichert ihnen damit Vorteile vor der süddeutschen Konkurrenz.
   - **Schutz und Sicherheit bei ihren Handelsreisen ins Ausland.**

9. Das muss das Kornhaus sein. Hier lagern also die Abgaben der Bauern aus der Umgebung und sichern der Stadt die Lebensmittelversorgung. An Gebäuden wie diesem erkennt man den Reichtum einer Stadt. Jakob Fugger wurde der reichste Handelsherr Europas, weil er ein Monopol hatte. Das heißt,
   - **bestimmte Waren konnte man nur bei ihm (in seinem Unternehmen) kaufen.**
   - er musste auf kaiserlichen Befehl nirgends im mittelalterlichen Deutschen Reich Steuern oder Zölle bezahlen.

10. Nun würde mich doch interessieren, wo sie hier ihre Münzen prägen. Die meisten Münzen sind
    - aus Gold.
    - **aus Silber.**

11. Ich glaube, ich muss umkehren. Hier bin ich in einer Handwerkergasse gelandet. Die reichen Kaufleute haben ihre Wohnhäuser
    - in einem großen Garten am Rande der Stadt im Schutz der Stadtmauer.
    - **direkt am Marktplatz.**

12. Warum müssen die Straßen in der Stadt nur so schmutzig und schlammig sein? Da lobe ich mir doch die Landstraßen, wo ich auf meinem Fuhrwerk sitze. Auf guten Straßen mit nicht viel Steigung kommt unser Kaufmannszug täglich
    - **bis zu 40 km voran.**
    - etwa 10 km weiter.

13. Da unten sehe ich den Marktplatz und dort drüben die große Kirche. An den Markttagen gibt es immer viel Arbeit für
    - die Pfarrer, die den Marktbesuchern gleich die Beichte abnehmen.
    - **die Geldwechsler.**

14. Der Bau dieser Kirche kostet meine Geschäftsfreunde sicher eine riesige Summe Geld. Wie viel Steuern wir Kaufleute zu zahlen haben, richtet sich
    - nach den vom Bürgermeister berechneten Umsätzen und den vom Stadtrat dafür festgelegten Steuergesetzen.
    - **nach der Einschätzung, die wir Kaufleute selbst vornehmen.**

Denk-mal ans Kloster

Ein Klosterspiel

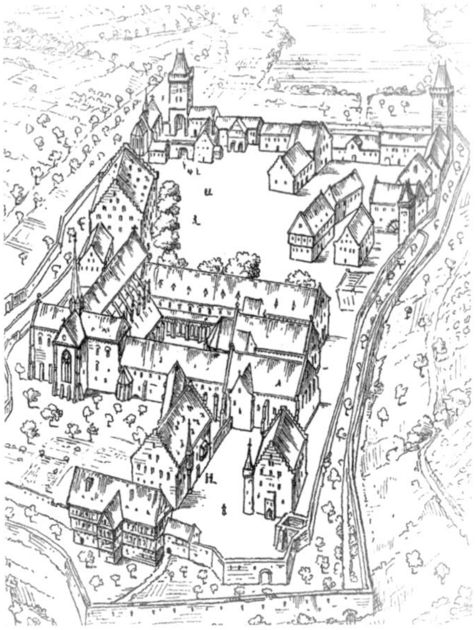

Eine Klosteranlage als Denkmal? Natürlich! Das UNESCO-Weltkulturerbe zum Beispiel enthält nur Gesamtkomplexe, die in ihrer Geschlossenheit als erinnernswert gesehen werden, in denen Leben in seiner Vielschichtigkeit vorstellbar ist. Das „Einzelmonument" von der Freiheitsstatue bis zum Reiterstandbild mit dem würdevoll blickenden Kriegsherrn ist dagegen manchmal nur noch ein Relikt, vielleicht schon gar ein Anachronismus. – Dieses Unterrichtsmodell bietet einen weiteren Baustein zum Beitrag „Um ihrer Seele willen" in Praxis Geschichte H. 3/2003, S. 40–49 und ergänzt diesen um den Lebensbereich „Kloster" im Mittelalter.

Eva-Maria und Wilhelm Lienert

Auch in der Bevölkerung hat sich das Bewusstsein, was unter Denkmal zu verstehen ist, gewandelt, spätestens seit der „Tag des offenen Denkmals" propagiert wurde. Das Denkmal ist heute nicht nur als Gedenkmal zu verstehen, sondern eher als Nach-denkmal, also mit pädagogischem Hintergrund. Das inhaltliche Angebot der zu Denkmalen gewordenen Industrieanlagen, Schlösser und Klöster wird jedoch im Geschichtsunterricht nur selten genutzt, zu oft gerät der Besuch eines Schlosses als Ziel für den Jahresausflug und nicht als „Lerngang" (oder Studienfahrt) innerhalb des regulären Unterrichts.

Neben der originären Begegnung mit dem Bauwerk müssen im Unterricht Hintergründe vermittelt werden, sollen vergangene Lebensformen wieder lebendig werden. Unser Rundgang durch das Kloster Maulbronn ist bewusst nur sehr vage auf dieses Kloster abgestimmt - natürlich sollen die Spielkärtchen zum Klosterplan passen. Primär wird über das Leben der Mönche und Nonnen in einem Kloster informiert, wobei aus Gründen der didaktischen Reduktion nicht zwingend zwischen beiden unterschieden werden muss.

Neben den Lebensbedingungen soll auch der Frage nachgegangen werden, warum Menschen im Mittelalter den Eintritt in ein Kloster anstrebten. Hierzu ist die *Rollenbeschreibung einer Nonne* (s.u.) konzipiert, die der väterlichen Vormundschaft und der ungewollten Ehe entgehen möchte. Die Rolle ist so angelegt, dass sie das Rollenspiel in *Praxis Geschichte* H. 3/2003 ergänzen und die dort beschriebene Situation im Fährhaus um die Person der Nonne erweitern kann.

Auch die methodische Umsetzung als Dominospiel, das die Schüler in Einzelarbeit lösen sollen, ergänzt als Arbeitsform die Aufgaben in H. 3/2003. Die Schülerinnen und Schüler arbeiten schweigend (wie es im Kloster Vorschrift war) und gestalten eventuelle Fragen schriftlich (so wie im Kloster die Bücher kunstvoll gestaltet wurden). Wer gegen das Schweigegebot verstößt, kann mit einer Zusatzaufgabe bedacht oder aus der Gemeinschaft ausgeschlossen werden.

Wenn der Klosterplan *M 2* durch zweimaliges Vergrößern auf DIN A2-Format kopiert wird, passen die Domino-Kärtchen *M 1* genau auf die Vorlage. (Lösungen siehe ausgefüllten Plan rechts.)

Die angehende Nonne Judith Seibert

Foto: akg-images

Judith (15 Jahre) ist die Tochter des Kaufmanns und Tuchhändlers Seibert aus Frankfurt. Sie sollte eigentlich einen wichtigen Geschäftspartner ihres Vaters, den wohlhabenden Witwer Bierstein, heiraten. Er ist mit 44 Jahren fast dreimal so alt wie sie – und sie hätte sich auf eine baldige Witwenschaft freuen können.

Doch solche Gedanken sind ihr als frommem Mädchen unbekannt, denn sie würde dem Mann, den sie heiratet, nie den Tod wünschen. Und lieben könnte sie den alten Bierstein auch nicht. Seinen Sohn vielleicht, der nur drei Jahre älter als sie ist, er wäre für sie der Mann gewesen, dem sie gern eine gehorsame und treue Frau geworden wäre. Als sie ihre Gedanken ihrer Mutter anvertraute, hatte diese gleich ihren Beichtvater um Rat gefragt, und zu dritt beschlossen sie, dass Judith ihr Leben fortan dem Herrn weihen solle und ins Kloster eintreten sollte. So könne Judith eine folgsame Tochter bleiben und müsse dennoch nicht heiraten. Ihr Vater war innerlich sehr unzufrieden mit dieser Entscheidung und der alte Bierstein war sichtlich beleidigt. Deshalb hatte die Familie beschlossen, dass Judith nicht in das Kloster ihrer Heimatstadt, sondern zunächst in das Kloster der Dominikanerinnen jenseits des Flusses eintreten werde.

So ist sie nun in Begleitung ihrer alten Patin zu Fuß unterwegs, mit quälenden Sorgen, aber auch mit Gottvertrauen und der Hoffnung, dass sich alles zum Guten fügen werde.

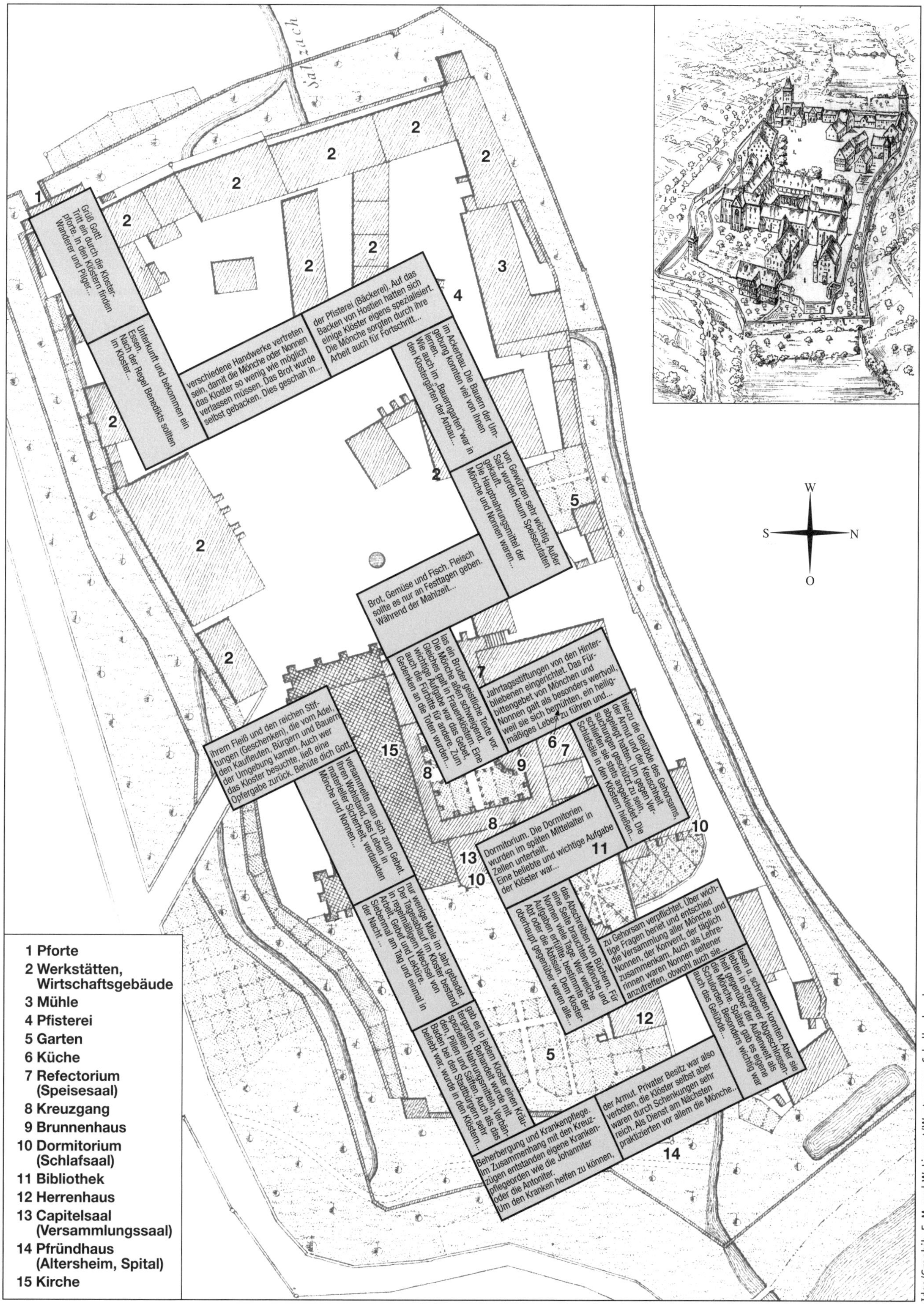

Idee/Graphik: E. M. und W. Lienert/Westermann Schulbuchverlag

Lösungen zum Klosterspiel M2

M | 1 In einem Kloster – Dominokärtchen

Du hast einen Klosterplan und 18 Dominokärtchen. Durchquere das Kloster, indem du die Kärtchen so anlegst, dass sie einen fortlaufenden Text ergeben. Manchmal hilft dir auch das Gebäude, bei dem du dich befindest oder zu dem das Kärtchen hinführt.

Während du das Kloster durchquerst, darfst du nicht sprechen. Auch die Mönche und Nonnen hatten viele Stunden am Tag Schweigepflicht. Wenn du eine Frage an deinen Lehrer hast, kannst du diese schriftlich stellen. Male die einzelnen Buchstaben deiner Frage sorgfältig und schmücke den ersten Buchstaben besonders schön aus (so wie auch die Mönche und Nonnen beim Abschreiben der Bücher gearbeitet haben!)

Unterkunft und bekommen ein Essen. Nach der Regel Benedikts sollten im Kloster …	las ein Bruder geistliche Texte vor. Die Mönche aßen schweigend. Gleiches galt in Frauenklöstern. Eine wichtige Aufgabe war das Gebet, auch die Fürbitte für andere. Zum Gedenken an die Toten wurden …	lesen und schreiben konnten. Aber sie lebten in strengerer Abgeschlossenheit gegenüber der Außenwelt als die Mönche. Später gab es eigene Schulorden. Besonders wichtig war auch das Gelübde …
verschiedene Handwerke vertreten sein, damit die Mönche oder Nonnen das Kloster so wenig wie möglich verlassen müssen. Das Brot wurde selbst gebacken. Dies geschah in …	Jahrtagsstiftungen von den Hinterbliebenen eingerichtet. Das Fürbittengebet von Mönchen und Nonnen galt als besonders wertvoll, weil sie sich bemühten, ein heiligmäßiges Leben zu führen und …	der Armut. Privater Besitz war also verboten, die Klöster selbst aber waren durch Schenkungen sehr reich. Als Dienst am Nächsten praktizierten vor allem die Mönche …
der Pfisterei (Bäckerei). Auf das Backen von Hostien hatten sich einige Klöster eigens spezialisiert. Die Mönche sorgten durch ihre Arbeit auch für Fortschritt …	hierzu die Gelübde des Gehorsams, der Armut und der Keuschheit abgelegt hatten. Um gegen Versuchungen geschützt zu sein, schliefen sie stets angekleidet. Die Schlafsäle in den Klöstern hießen …	Beherbergung und Krankenpflege. Im Zusammenhang mit den Kreuzzügen entstanden eigene Krankenpflegeorden wie die Johanniter oder die Antoniter. Um den Kranken helfen zu können, gab es in jedem Kloster …
im Ackerbau. Die Bauern der Umgebung konnten viel von ihnen lernen. Wie auch im „Bauerngarten" war in den Klostergärten der Anbau …	Dormitorium. Die Dormitorien wurden im späten Mittelalter in Zellen unterteilt. Eine beliebte und wichtige Aufgabe der Klöster war …	einen Kräutergarten. Behandelt wurde mit speziellen Nahrungsmitteln, Verbänden, Pillen und Säften. Auch als das Baden bei den Stadtbürgern sehr beliebt war, wurde in den Klöstern …
von Gewürzen sehr wichtig. Außer Salz wurden kaum Speisezutaten gekauft. Die Hauptnahrungsmittel der Mönche und Nonnen waren …	das Abschreiben von Büchern. Für eine Seite brauchten Mönche und Nonnen viele Tage. Wer welche Aufgaben erfüllte, bestimmte der Abt oder die Äbtissin. Dem Klosteroberhaupt gegenüber waren alle …	nur wenige Male im Jahr gebadet. Der Tagesablauf im Kloster bestand in regelmäßigem Wechsel von Arbeit, Gebet und Lektüre. Siebenmal am Tag und einmal in der Nacht …
Brot, Gemüse und Fisch. Fleisch sollte es nur an Festtagen geben. Während der Mahlzeit …	zu Gehorsam verpflichtet. Über wichtige Fragen beriet und entschied die Versammlung aller Mönche und Nonnen, der Konvent, der täglich zusammenkam. Auch als Lehrerinnen waren Nonnen seltener anzutreffen, obwohl auch sie …	versammelte man sich zum Gebet. Ihren Wohlstand, das Leben in materieller Sicherheit, verdankten Mönche und Nonnen …

M | 2 In einem Kloster – Spielplan

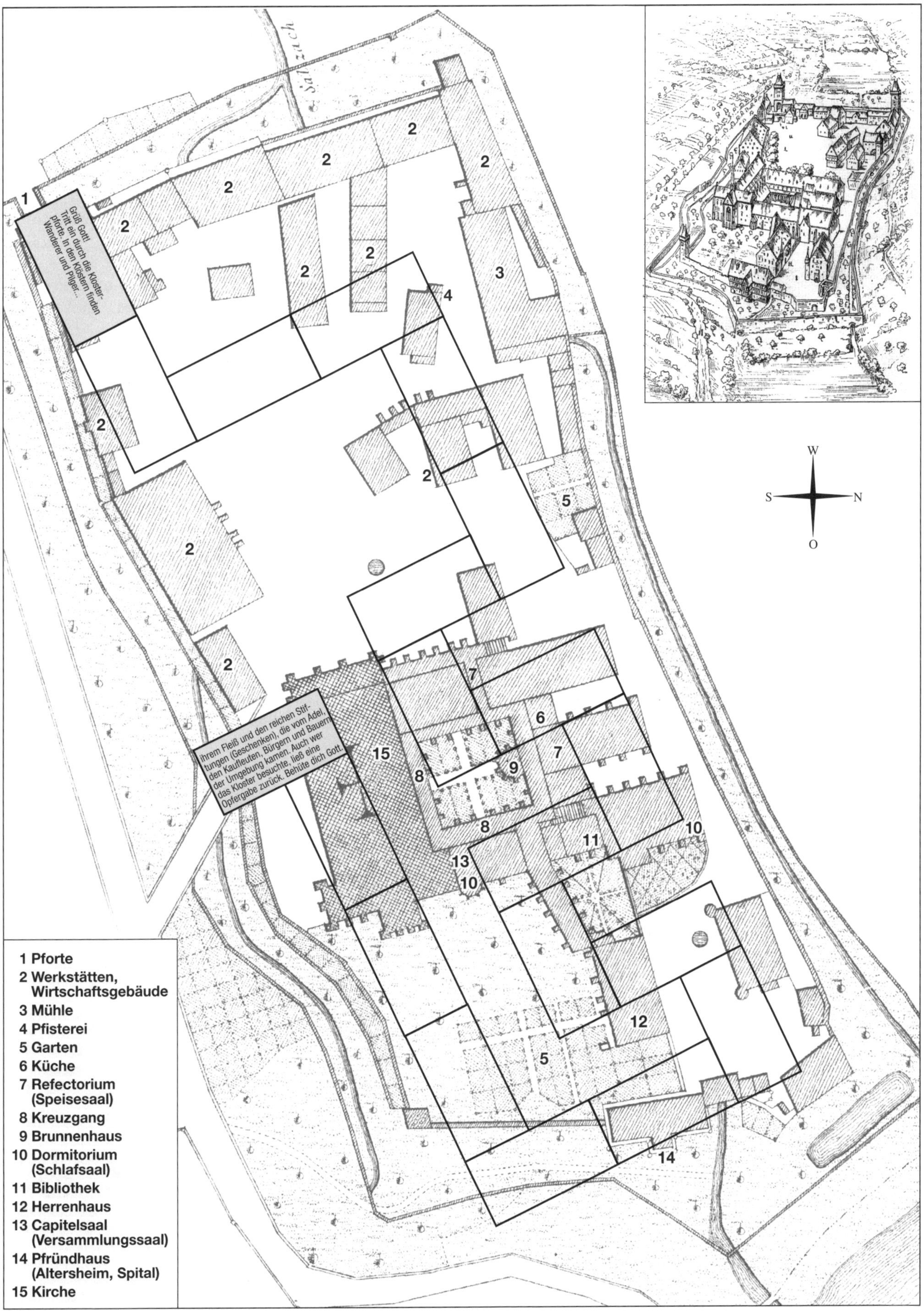
Salzach
Grüß Gott!
Tritt ein durch die Kloster-
pforte. In den Klöstern finden
Wanderer und Pilger…
ihrem Fleiß und den reichen Stiftungen (Geschenken), die vom Adel,
den Kaufleuten, Bürgern und Bauern
der Umgebung kamen. Auch wer
das Kloster besuchte, ließ eine
Opfergabe zurück. Behüte dich Gott.
W
S
N
O
1 Pforte
2 Werkstätten, Wirtschaftsgebäude
3 Mühle
4 Pfisterei
5 Garten
6 Küche
7 Refectorium (Speisesaal)
8 Kreuzgang
9 Brunnenhaus
10 Dormitorium (Schlafsaal)
11 Bibliothek
12 Herrenhaus
13 Capitelsaal (Versammlungssaal)
14 Pfründhaus (Altersheim, Spital)
15 Kirche

Quelle: Beschreibung des Oberamts Maulbronn. Stadtarchiv Schwäbisch Gmünd (Nachdruck Stuttgart 1974. Horst Bissinger Verlag) / Foto: akg-images

Auf dem Marktplatz

Ein Brett- und Rollenspiel zum mittelalterlichen Markt

Das mittelalterliche Marktgeschehen verknüpft als Ort von Handel und Kommunikation städtische und ländliche Lebensräume. Mit einer eigenen Rechtssituation und eigenen Regeln und Abläufen war der Markt zugleich ein städtischer Sonderraum, der eine lebenswichtige Funktion für das Alltagsleben der Stadt- und der Landbevölkerung hatte. Schülerinnen und Schüler der Klassen 6 und 7 entdecken dies hier spielerisch und erkunden die Funktionen und das Sozialgefüge der auf dem Markt agierenden Personen.

Uwe Peters

Während des Mittelalters war der Markt der zentrale Ort für Einkauf, Handel, Kommunikation und Information. Auf den Wochenmärkten, die in großen Städten seit dem Hochmittelalter auch täglich stattfinden konnten, kauften die Bürger der Stadt und die Landbevölkerung aus der Umgebung alle Waren, die sie nicht selbst produzierten. Dazu zählten Nahrungsmittel wie Gemüse, Brot und Fleisch, wobei letzteres erst im Spätmittelalter für breitere Käuferschichten regelmäßig erschwinglich wurde.

Neben diesen Gütern des täglichen Bedarfs wurden auch allerlei Dienstleistungen angeboten. Dies geschah zum Teil in Kombinationen, die den Schülerinnen und Schülern heute befremdlich vorkommen müssen. So schnitt etwa der Barbier die Haare und frisierte die Bärte, übernahm aber auch Teile der medizinischen Versorgung für das einfache Volk. Er führte den Aderlass durch oder brach gleich auf dem Markt kranke Zähne heraus.

Jahrmärkte und Beutelschneider

Von großer Bedeutung waren die Jahrmärkte und großen Messen. Hier traten auch Fernhändler mit Waren aus entlegenen Gegenden – Gewürzen, Pelzen, Wein oder edlen Tuchen – auf. Hier deckten sich die Händler und Handwerker untereinander mit Waren ein. Gaukler und Spielleute unterhielten die Besucher. Garküchen fanden ausreichend Kunden. Das größere Gedränge und die Anonymität machten es auch den Beutelschneidern leichter, ihren illegalen Aktivitäten nachzugehen.

Marktrecht und Marktfrieden

Die Verleihung des als „ius fori“, „ius forense“ oder „marchrecht“ bezeichneten Marktrechts an Städte, Klöster oder andere kirchliche Institutionen war seit dem 10. Jahrhundert in dem zum Heiligen Römischen Reich gehörigen Teil des heutigen Deutschland ein königliches Privileg. Erst durch das Statutum in favorem principum Kaiser *Friedrichs II.* aus dem Jahr 1232 verfügten die Reichsfürsten frei über die Vergabe des Marktrechts in ihren Territorien. Der Akt der Verleihung wurde oft durch die symbolische Übergabe eines Handschuhs an einen Vertreter der entsprechenden Institution vollzogen. Für den Unterricht ist hier die Parallele zur Symbolik bei der Vergabe von Lehen und dem Handgang beim Leisten des Gefolgschaftseids von Interesse.

Abb. 1 und 2: Zentrum des Handels, der Grundversorgung und der Kommunikation im Mittelalter: der städtische Markt. Szenen vom Konstanzer Markt aus der Zeit des Konzils 1414–1418, zeitgenössische Kopie aus der Chronik von Ulrich von Richental.

Fotos: bpk

Seit dem 10. Jahrhundert rief man den „Marktfrieden“ aus. Er garantierte den Veranstaltern und Besuchern Schutz durch den König. Jedes Vergehen gegen sie wurde mit dem Königsbann belegt. Während des Marktfriedens waren alle am Markt Beteiligten vor strafrechtlicher Verfolgung und Anklagen geschützt. Es wird den Schülern deutlich, wie sehr das Rechtsverständnis und die Rechtsprechung im Mittelalter individualisiert waren.

LITERATUR

Beckers-Dohlen, C./Baße, S.: Markt, Turnier und Alltagsleben im Mittelalter. Greiz 2000

Bernhardt, M.: Das Spiel im Geschichtsunterricht. Schwalbach/Ts. 2003

Borst, A.: Lebensformen im Mittelalter. Frankfurt a. M., Berlin 1973

Le Goff, J.: Kaufleute und Bankiers im Mittelalter. Frankfurt/M. 1989

Stoob, H./Johannek, P. (Hrsg.): Europäische Messen und Märktesysteme in Mittelalter und Neuzeit. Köln, Weimar, Wien 1996

Spielregeln

1) Vorbereitung

Jedem Spieler wird eine Rollenkarte zugelost. Jeder Spieler sucht sich eine Spielfigur. Stehen keine Spielkegel zur Verfügung, könnt ihr auch Radiergummis oder Anspitzer als Figur benutzen. Die Rollen werden (ohne die Aufgaben) der Reihe nach vorgelesen.

2) Ereigniskarten

Die Ereigniskarten werden gemischt und neben das Spielbrett gelegt. Zu Beginn jeder Spielrunde wird eine Ereigniskarte aufgedeckt und vorgelesen.

Einige Ereigniskarten kommen, nachdem sie vorgelesen wurden, auf das Fernhändlerfeld. Diese sind nur so lange gültig, bis die nächste Fernhändlerkarte darauf abgelegt wird. Die entsprechende Aufgabe kann dann nicht mehr erfüllt werden.

Bei allen anderen Ereigniskarten muss der Auftrag sofort vom betroffenen Spieler ausgeführt werden. Auf dem Weg dürfen keine Aufgaben erfüllt werden. Das Ereignis zählt nicht als erfüllte Aufgabe.

3) Bewegung und Lösung der Aufgaben

Der älteste Spieler beginnt. Jeder Spieler darf höchstens drei Schritte in eine Richtung pro Zug gehen.

Hat ein Spieler ein Feld erreicht, auf dem er eine seiner Aufgaben erfüllt, so liest er diese Aufgabe den anderen laut vor. Die Aufgabe gilt damit als gelöst und kann auf der Rollenkarte gestrichen werden. Die Aufgaben können in beliebiger Reihenfolge erfüllt werden.

4) Ende und Ermittlung des Gewinners

Am Ende der Spielzeit wird die angefangene Runde beendet. Wer nach Ablauf der Spielzeit die meisten Aufgaben erfüllt hat, ist Sieger.

Haben zwei oder mehr Spieler gleich viele Aufgaben gelöst, so entscheidet eine der Quizfragen zum Spiel, wer gewinnt. Die zu stellende Frage wird von einem nicht am Stechen beteiligten Mitspieler gezogen und vorgelesen. Werdet ihr euch nicht über die richtige Lösung einig, so schaut die Lösung nach.

DAS THEMA IM UNTERRICHT

Didaktische Überlegungen

Das Thema „Markt in der Stadt“ verknüpft verschiedene Aspekte des Alltags in städtischen und ländlichen Lebensräumen des Mittelalters. Das vorliegende Brettspiel unterstützt eine für die Klassen 6 und 7 altersgemäße Sensibilisierung der Schülerinnen und Schüler für die Standortgebundenheit der Perspektiven unterschiedlicher Bevölkerungsgruppen und Epochen.

Konkret werden Unterschiede und Gemeinsamkeiten zwischen dem Alltagsleben damals und heute sowie zwischen den im Spiel auftretenden Bevölkerungsschichten (Patrizier, Handwerker, Bauern) bewusst gemacht. Die Schüler erschließen die durch das Zunftwesen, die allgemeine Andersartigkeit mittelalterlicher Gebräuche, aber auch den damaligen Entwicklungsstand von Transportwesen und Technik zu erklärenden Besonderheiten des Marktlebens über Ereignis- und Rollenkarten.

Das Spiel kann an verschiedenen Stellen des Unterrichts zum Einsatz kommen: am Anfang einer entsprechenden Einheit, als Verbindungsglied zwischen den Themen „Leben in der Stadt“ und „Leben auf dem Land“ – beides mit überwiegend explorativer Funktion – oder zur Wiederholung und Sicherung am Ende. Auch ein Einsatz im Rahmen eines „Stationenlernens“ zum Leben im Mittelalter ist denkbar.

Der Spielplan sollte beim Kopieren auf das Format DIN-A3 vergrößert werden. Die Spieldauer wird von der Lehrkraft vorgegeben und sollte mindestens 20 Minuten umfassen. Die Zahl der Ereigniskarten reicht für eine maximale Spieldauer von einer Unterrichtsstunde.

Erweiterungen

Die Quizfragen können zur Wiederholung und Vertiefung der im Spiel gezeigten Besonderheiten des mittelalterlichen Lebens verwendet werden. Die Spielregeln sehen den Einsatz einer „Entscheidungsfrage“ für den Fall vor, dass mehrere Spieler am Ende der Spielzeit die gleiche Anzahl an Aufgaben erfüllt haben. Die Fragen lassen sich aber auch als (arbeitsteilige) Hausaufgaben oder als abschließendes Klassen-Quiz einsetzen.

Eine Alternative ist das Sammeln der Erfahrungen aus dem Spiel in Partnerarbeit in einer Tabelle mit den Rubriken „Welche Dinge waren damals anders als heute?“ und „Welche Dinge waren ähnlich wie heute?“ Die Ergebnisse werden in Gruppen gegenseitig vorgestellt oder zentral zusammengetragen und diskutiert.

Die Verkündung des Marktrechts und die Ausrufung des Marktfriedens ließen sich nicht sinnvoll in das Brettspiel integrieren. Beide Aspekte können aber in einem einleitenden szenischen Spiel ergänzt werden. Dabei sollte die allgemeine Bedeutung symbolischer Akte in der Rechtsprechung des Mittelalters angesichts der fehlenden Alphabetisierung der Menschen im Mittelalter besprochen werden. Als Ergänzung zum Thema bieten sich der FWU Film „Ein Markttag in der Stadt“ (FWU 3210283) oder der WBF Film „Markttag in einer mittelalterlichen Stadt“ (WBF 4658933) an.

Der Patrizier

Foto: bpk

Du bist Mitglied einer angesehenen Kaufmannsfamilie. Seit vielen Generationen sind deine Vorfahren Mitglieder im Rat der Stadt, der „Stadtregierung". Du startest am Rathaus.

Aufgaben:
- Wenn der **Pelzhändler** auf dem **Fernhändlerfeld** eingetroffen ist, gehe zu ihm und kaufe einen edlen Pelz. Dieser Pelz soll zur Aussteuer deiner Tochter gehören, denn sie heiratet demnächst.
- Geh in die **Schneidergasse** und lasse dort für deinen Sohn einen guten Rock anfertigen. Er soll dich demnächst bei deinen Geschäften begleiten und benötigt dafür angemessene Kleidung.
- Begib dich zum **Weinhändlerstand** auf dem Markt und besorge für die Einsegnungsfeier deines Sohnes ein Fässchen guten Weines. Du bist wohlhabend und kannst dir dies leisten.
- Dein Pferd lahmt. Geh zum **Schmied**. Der Schmied wird das Pferd untersuchen und versorgen, denn Tierärzte gibt es noch nicht.
- Als Kaufmann musst du auch Handelsreisen in ferne Städte machen. Die Straßen und Wege sind aber unsicher. Räuber und Diebe treiben dort ihr Unwesen. Zu deiner Verteidigung brauchst du ein gutes Kurzschwert. Geh zum **Waffenhändler** und kaufe dort ein Kurzschwert.

Der Fleischhauer

Foto: bpk

Deine Familie lebt schon lange in der Stadt als Fleischhauer. Du lebst in der Fleischhauergasse und hast dort, wie alle anderen Fleischhauer auch, dein Geschäft. Dort startest du.

Aufgaben:
- Wenn der **Gewürzhändler** auf dem **Fernhändlerfeld** erscheint, dann geh zu ihm und kaufe große Mengen Salz. Salz ist wertvoll und du benötigst es, um das Fleisch länger haltbar zu machen.
- Begib dich zur **Wurstmachergasse**. Einer der Wurstmacher wartet auf die Lieferung von Fleischabfällen, um daraus Wurst zu machen.
- Geh zum **Bauernstand** und besorge dort Kohlrüben, Lauch und Karotten für das Essen in der nächsten Woche.
- Du benötigst ein neues Beil für deine Arbeit. Begib dich zum **Schmied**, um dort ein brauchbares Beil zu kaufen.
- Deine Tochter fühlt sich in letzter Zeit nicht wohl. Geh mit ihr zum **Barbier**, damit sie „zur Ader gelassen" werden kann. Dabei wird ihr mit einem Schnitt in den Arm Blut abgenommen, so dass „schlechtes Blut" aus dem Körper entfernt werden kann. Der Barbier schneidet die Haare und Bärte, behandelt aber auch Kranke.

Der Schneider

Foto: akg-images

Du lebst mit deiner Familie in der Schneidergasse wie alle anderen Schneider in der Stadt auch. Am heutigen Markttag musst du einige Erledigungen machen. Du startest in der Schneidergasse.

Aufgaben:
- Begib dich in die **Schustergasse**, um dort ein paar neue Lederschuhe abzuholen, die einer der Schuster für dich angefertigt hat.
- Wenn der **Tuchhändler** auf dem **Fernhändlerfeld** erscheint, dann kaufe bei ihm zwei Meter eines edlen Damasttuchs. Dieses Tuch benötigst du für die Verzierungen am Rock, den einer der Patrizier für seinen Sohn bestellt hat.
- Begib dich zum **Bauernstand** und besorge dort Graupen, Lauch und Kohl für das Essen in der nächsten Woche.
- Für den Rock eines Patriziersohnes benötigst du Tuch von einer besonderen Farbe. Begib dich in die **Färbergasse** und bestelle dort Tuch in dieser speziellen Färbung.
- Deine Familie benötigt Brot für die nächsten Tage. Dein Dienstmädchen ist krank und kann nicht beim **Bäcker** drei Laibe Brot besorgen. Begib dich selbst zum Bäcker.

Der Bauer

Foto: akg-images

Du lebst als Bauer auf dem Land. Nur selten kannst du mit deiner ganzen Familie auf den großen Markt in der Stadt gehen. Ihr hattet Glück: Nachdem du deinem Grundherren die Abgaben geleistet hast, ist noch ein wenig Gemüse übrig geblieben, das ihr auf dem Markt verkaufen könnt. Du startest am Bauernstand.

Aufgaben:
- Deine Geldbörse ist völlig zerschlissen, kein Pfennig bleibt mehr sicher darin. Geh zum Stand des **Lederers** und kaufe dort einen neuen Geldbeutel für deinen Gürtel.
- Euer altes Winterfell ist löchrig und fällt auseinander. Du musst für den nächsten Winter vorsorgen und ein neues, möglichst billiges Fell erwerben. Wenn der alte **Fallensteller** aus der Umgebung auf dem **Fernhändlerfeld** eintrifft, dann begib dich zu ihm.
- Auf deinem Hof gibt es kein anständiges Seil mehr, alle sind verrottet. Begib dich zum **Seiler** und kaufe dort ein paar Meter eines festen Hanfseils.
- In letzter Zeit hast du starke Zahnschmerzen. Als armer Bauer kannst du es dir nicht leisten, zu einem gelehrten Mediziner zu gehen. Begib dich zum **Barbier**. Dieser wird dir gleich auf dem Marktplatz den faulen Zahn herausbrechen.
- Du besitzt eine Sichel und eine Hacke aus Metall zum Mähen von Getreide und Gräsern und zur Bearbeitung der Gemüsebeete. Beide Geräte sind abgenutzt. Da es in deinem Dorf gerade keinen Schmied gibt, gehe zum **Schmied** auf dem Markt, um Sichel und Hacke schärfen und richten zu lassen.

Ein **Tuchhändler** aus Brabant ist eingetroffen. Sein Verkaufsstand befindet sich bei den Fernhändlern. Legt die Karte dort hin. Der Tuchhändler ist nur so lange auf dem Markt, wie sich die Karte oben befindet. Wer eine entsprechende Aufgabe hat, kann diese nur so lange erfüllen, wie der Händler am Ort ist!	**Fleischhauer:** Eine Kundin hat sich über das zu geringe Gewicht der von dir verkauften Kalbsfüße beschwert. Der Marktaufseher hat es mit den Kontrollgewichten verglichen und festgestellt, dass sie tatsächlich zu leicht waren. Du musst eine Geldbuße zahlen. Begib dich dafür zum Marktkreuz.
Ein **Pelzhändler** aus Nowgorod ist eingetroffen. Sein Verkaufsstand befindet sich bei den Fernhändlern. Legt die Karte dort hin. Der Pelzhändler ist nur so lange auf dem Markt, wie sich die Karte oben befindet. Wer eine entsprechende Aufgabe hat, kann diese nur so lange erfüllen, wie der Händler am Ort ist!	**Bauer:** Du hast dein Standgeld noch nicht bezahlt, weil du zu Beginn des Marktes noch gar nicht genügend Geld dazu hattest. Begib dich sofort zum Marktkreuz, um dort dein Standgeld endlich zu bezahlen.
Ein **Gewürzhändler** aus Lüneburg ist eingetroffen. Sein Verkaufsstand befindet sich bei den Fernhändlern. Legt die Karte dort hin. Der Gewürzhändler ist nur so lange auf dem Markt, wie sich die Karte oben befindet. Wer eine entsprechende Aufgabe hat, kann diese nur so lange erfüllen, wie der Händler am Ort ist!	**Patrizier:** Du hast dich durch einen Unfall am Arm verletzt. Deine Wunde blutet stark. Da du wohlhabend bist, kannst du es dir leisten, einen Wundarzt zu bezahlen. Begib dich so schnell wie möglich zum Wundarzt.
Ein Fallensteller aus der Umgebung ist eingetroffen. Er verkauft seine Felle bei den Fernhändlerständen. Legt die Karte dort hin. Der Fallensteller ist nur so lange auf dem Markt, wie sich die Karte oben befindet. Wer eine entsprechende Aufgabe hat, kann diese nur so lange erfüllen, wie der Händler am Ort ist!	**Schneider:** Du hast einen Überrock zu einem zu geringen Preis angeboten. Damit hast du gegen die Regeln deiner Zunft verstoßen. Nur die Zunftältesten legen die Verkaufspreise der Waren fest. Begib dich sofort zum Rathaus, um dort deine Strafe zu zahlen.
Ihr habt nun alle einige Stunden auf dem Markt zugebracht. Es wird allerhöchste Zeit für das „Prandium", die erste Mahlzeit des Tages. => Der Bauer geht dazu zu seinem Stand zurück, um dort einen kalten Haferbrei zu essen, den seine Frau am Stand aufbewahrt. => Der Fleischhauer und der Schneider gehen zur Garküche, um dort eine Pastete aus Kohl und grünen Bohnen, die in einem Brotteig eingebacken sind, zu essen. => Der Patrizier kehrt ins Gasthaus ein, um dort eine ausgiebige Mahlzeit mit Weißbrot, Geflügel und Wildbraten sowie eine Nachspeise aus Mandelpudding zu sich zu nehmen.	**Fleischhauer:** Du hast zu altes Fleisch verkauft. Dein Nachbar hat dies bemerkt und dich deswegen angezeigt. Weil zu altes Fleisch Krankheiten übertragen kann, ist es im Sommer verboten, Fleisch vom Vortag zu verkaufen. Begib dich sofort zum Marktaufseher am Marktkreuz, um deine Strafe zu zahlen.
Ein Beutelschneider hat, ohne dass ihr es bemerkt habt, euch allen nacheinander die Geldbeutel vom Gürtel geschnitten und den Marktfrieden verletzt. Zum Glück wurde er erwischt, und die Gehilfen des Marktaufsehers haben ihn festgehalten. Geht alle zum Marktkreuz, wo ihr eure gestohlenen Beutel zurückerhaltet.	**Bauer:** Deine Familie hat alle Waren, die ihr auf den Markt mitgebracht habt, verkaufen können. Zur Feier dieses Ereignisses habt ihr ein besonders fettes Stück Fleisch in der Fleischhauergasse für den Sonntag besorgt, denn fettes Fleisch gilt als wertvoller als mageres. Die Aussicht auf dieses besondere Mahl lässt alles leichter von der Hand gehen. Du bekommst eine Aufgabe deiner Wahl geschenkt.
Bauer: Du hast selbstgemachtes Brot in der Stadt verkauft. In der Stadt dürfen aber nur die in der Bäckerzunft organisierten Bäcker Brot verkaufen. Der Marktaufseher hat dein schändliches Treiben bemerkt. Du musst Strafgeld an die Bäckerzunft bezahlen. Begib dich sofort zum Marktkreuz, um deine Strafe zu zahlen.	**Patrizier:** Ein Geschäftspartner ist endlich zur Zahlung seiner ausstehenden Schulden bei dir bereit. Dazu hat er in der Kirche seine ausstehende Schuld in einer Urkunde anerkannt. Die Aussicht auf das Geld hebt deine Stimmung und gibt dir mehr finanziellen Spielraum bei deinen Geschäften. Du bekommst eine Aufgabe deiner Wahl geschenkt.
Patrizier: Deine Tochter hat eine breite Schleppe aus teurem Stoff und Schnabelschuhe getragen. Damit hat sie gegen die Kleiderordnung verstoßen. Niemand soll der Sünde der Eitelkeit durch Zurschaustellung von teurer und luxuriöser Kleidung anheim fallen. Niemand soll die anderen seines Standes durch seine Kleidung übertreffen. Begib dich sofort zum Rathaus, um dort deine Geldstrafe zu zahlen.	**Schneider:** Der Weber hat dir besonders guten Stoff zu einem günstigen Preis verkauft. Den zusätzlichen Gewinn, den du damit machst, kannst du sofort einsetzen. Du bekommst eine Aufgabe deiner Wahl geschenkt.
Schneider: Du sollst einem Nachbarn Geld gegen Zinsen geliehen haben. Dies steht nicht im Einklang mit Gottes Geboten! Ein Christenmensch darf kein Geld gegen Mehrgewinn verleihen. Deshalb musst du beim Priester in der Kirche so schnell wie möglich beichten und Buße tun. Sonst kannst du nicht weiter unter den Bürgern dieser Stadt verweilen. Begib dich umgehend zur Kirche.	**Fleischhauer:** Dein Sohn hat geheiratet. Seine Frau, deine Schwiegertochter, kommt mit einer sehr guten Mitgift zu deiner Familie. Mit den zusätzlichen Mitteln kannst du einige Geschäfte schneller abwickeln. Du bekommst eine Aufgabe deiner Wahl geschenkt.

Frage: (1) Die Menschen im Mittelalter haben sich hauptsächlich von Brei, Vollkornbrot, Kohl, Stockfisch (getrocknetem, gesalzenem Fisch) und Gemüse ernährt, wenn sie reich waren kamen häufiger Wildfleisch und frischer Fisch dazu. – Kannst du dir denken, weshalb man noch keine Kartoffeln und Pommes Frites, Tomaten oder Kakao zu sich nahm?	Antwort: (1) Kartoffeln, Tomaten und Kakao gab es damals in Europa noch nicht. Erst nach der Entdeckung Amerikas verbreiteten sie sich langsam in Europa.
Frage: (2) Wer achtete darauf, dass zum Beispiel alle Schuster für ihre Schuhe oder alle Bäcker für ihre Brote einen ähnlichen Preis verlangten?	Antwort: (2) Die Zunftaufsicht achtete darauf.
Frage: (3) Könnt ihr euch denken, weshalb die Handwerker im Mittelalter nur den in der Vereinigung ihres Handwerks, also ihrer Zunft, abgesprochenen Preis für ihre Waren nehmen durften?	Antwort: (3) Um Konkurrenz zu vermeiden, so dass alle Handwerker von ihrer Arbeit leben konnten.
Frage: (4) Weshalb durfte die Tochter des Patriziers ihre besonders aufwändige und teure Kleidung nicht tragen?	Antwort: (4) Weil sie damit gegen die Kleiderordnung verstieß. Niemand sollte besser gekleidet sein als die anderen Leute seines Standes. Außerdem galt Eitelkeit als Sünde.
Frage: (5) Wer behandelte kranke Pferde?	Antwort: (5) Der Schmied, es gab noch keine Tierärzte
Frage: (6) Salz ist uns heute in der Hauptsache als Gewürz bekannt. Wozu benötigten es die Menschen im Mittelalter noch viel dringender?	Antwort: (6) Sie benötigten es, um Fleisch und Fisch haltbar zu machen. Es gab weder Kühlschränke noch andere Konservierungsmittel.
Frage: (7) Weshalb kauft der Patrizier selbst wohl kein Gemüse, Brot oder Fleisch auf dem Markt ein?	Antwort: (7) Er hatte Küchenmädchen, die die Einkäufe erledigten.
Frage: (8) Zu wem ging der Bauer, wenn er krank war? Weshalb geht der Bauer nicht zu einem richtigen Arzt?	Antwort: (8) Der Bauer ging zum Barbier, weil er zu wenig Geld hatte. Häufig ging er auch nur zu einer „Kräuterfrau" in seinem Dorf.
Frage: (9) Wenn man zum Beispiel Bäcker, Schuster oder Schneider suchte, wo fand man diese in einer mittelalterlichen Stadt?	Antwort: (9) Alle Handwerker aus einer Zunft hatten ihre Geschäfte in der gleichen Gasse, damit die Kunden direkt vergleichen konnten und sich die Handwerker gegenseitig überwachen konnten.
Frage: (10) Kannst du dir denken, weshalb die Stadt vom Landesherrn das Recht, einen Markt zu veranstalten (Marktrecht), mit der Übergabe des Markthandschuhs erhielt? Warum hätte eine schriftliche Urkunde nicht ausgereicht?	Antwort: (10) Im Mittelalter konnten die meisten Menschen weder lesen noch schreiben. Ein Vertrag wurde deshalb immer mit einer symbolischen Handlung vollzogen.

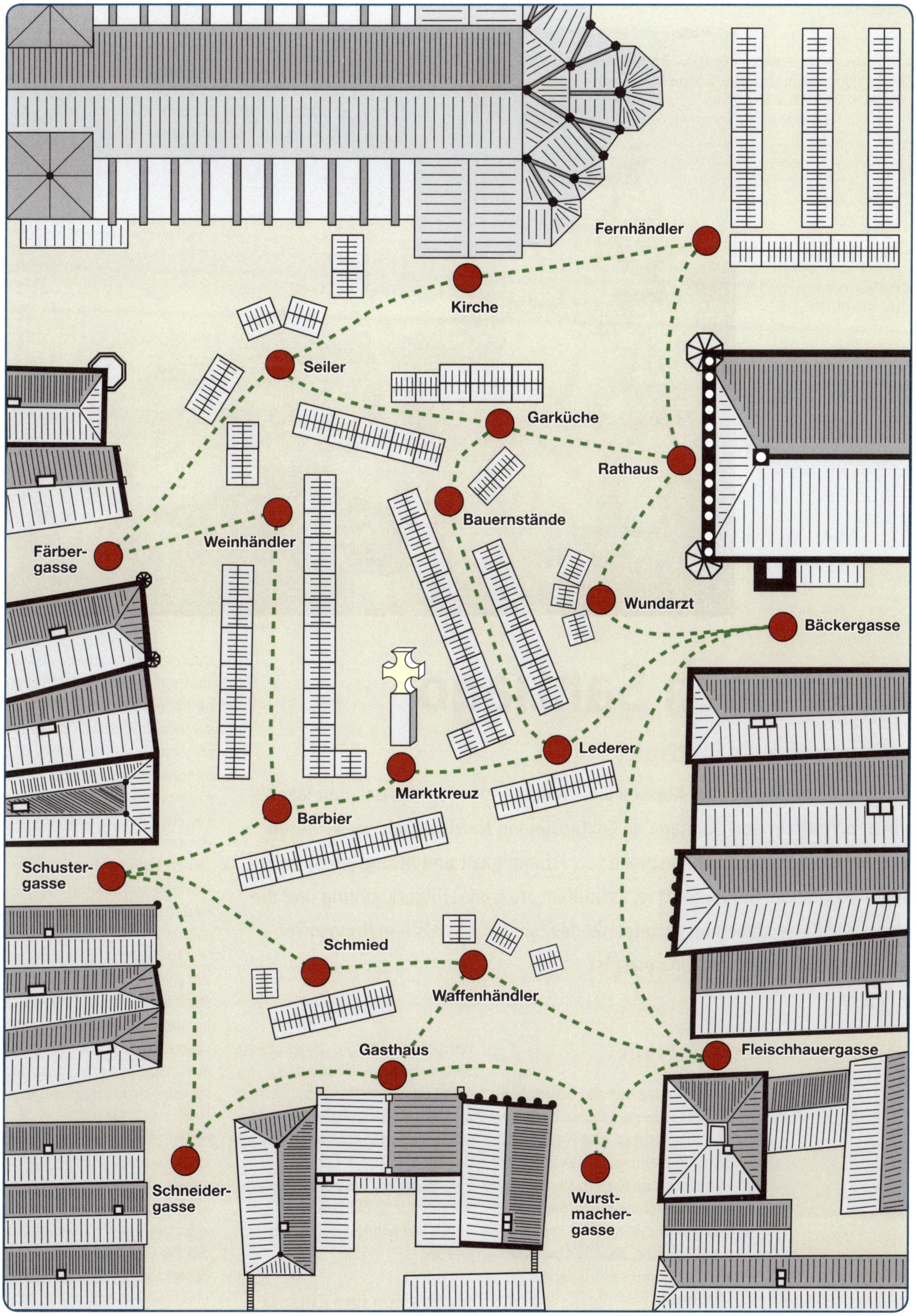
Fernhändler
Kirche
Seiler
Garküche
Rathaus
Bauernstände
Färber-
gasse
Weinhändler
Wundarzt
Bäckergasse
Lederer
Marktkreuz
Barbier
Schuster-
gasse
Schmied
Waffenhändler
Gasthaus
Fleischhauergasse
Schneider-
gasse
Wurst-
macher-
gasse

Abb. 1: Ein Pilger blickt auf Santiago
Foto: akg-images

Reise nach Santiago

Eine Pilgerreise als Brettspiel

Schülerinnen und Schüler der Klassen 6 bis 8 beschreiten spielerisch den Jakobsweg in den Wallfahrtsort Santiago de Compostela in Nordspanien. Sie erhalten dabei Einblicke in wesentliche Aspekte von Frömmigkeit und Alltagsleben im Mittelalter. Aberglaube, Glaubenssätze, Reliquienverehrung, Pilgerkleidung und die Gefahren der Reise stehen im Mittelpunkt des Spieles, das als handlungsorientiertes Selbstbildungsmittel konzipiert ist.

Uwe Peters

Spielabsicht

Religion war für die Menschen im Mittelalter ein fester Bestandteil ihres Alltags und Weltbildes. Für Schülerinnen und Schüler ist es heute kaum noch nachvollziehbar, in welchem Maße die Beziehungen der Menschen zueinander und ihre Handlungsweisen von den damit verbundenen Vorstellungen beeinflusst wurden. Im Unterricht kann dies meist nur auf der Ebene politisch relevanter Probleme (Investiturstreit, Klosterreformen) thematisiert werden. Das vorliegende Brettspiel soll die Möglichkeit bieten, die enge Verknüpfung von Glaubensvorstellungen, Alltag und Alltagsfrömmigkeit in einem breiteren Kontext in den Horizont der Schüler zu rücken. Anschließend können einzelne Aspekte daraus durch die Lehrkraft oder durch die Schüler selbst vertieft werden.

Motivation und Einsatz

Pilgerfahrten waren eine der wenigen Anlässe in der Welt des Mittelalters, zu denen Menschen aus den unterschiedlichsten Bevölkerungsschichten eine lange und meist auch gefährliche Reise auf sich nahmen. Das Thema bietet sich deshalb an, um Schülern einen ersten Einblick in die verschiedenen Bezüge zwischen Frömmigkeit und Alltagsleben zu bieten. Dabei reicht das Spektrum der angesprochenen Themen vom „Aberglauben" einfacher Bauern über die Verbindung von Glauben und Rechtsprechung bis zum Ketzertum.

Das Spiel wird ausschließlich mit Hilfe der Ereignis- und Aufgabenkarten gespielt. Die Aufgabenkarten haben überwiegend den Charakter von Quizfragen, was aber nicht bedeutet, dass der entsprechende Hintergrund zuvor im Unterricht thematisiert werden muss, da mehrere Alternativen zur Beantwortung zur Verfügung stehen. Diese Art der Fragestellung ist den meisten Schülern aus einschlägigen Quizsendungen des Fernsehens bekannt. Die Andersartigkeit des Denkens der Menschen im Mittelalter wird dabei allein schon durch die Auseinandersetzung mit den Fragen deutlich und prägt sich ein.

Zur Vertiefung und Sicherung der Inhalte können die jeweils

gezogenen Karten als Gerüst für einen (als Hausarbeit) zu erstellenden Reisebericht oder ein Tagebuch des jeweils gespielten Pilgers dienen. Eine andere Möglichkeit der Vertiefung ist die Recherche zu einer zuvor festgelegten Anzahl von Ereignis- oder Aufgabenkarten durch jede Spielgruppe.

Spielrahmen

Das Spiel ist für den Einsatz in einer Stunde oder einer Phase vorgesehen. Die reine Spielzeit beträgt etwa 30 Minuten. Der Spielplan kann beim Kopieren auf DIN-A3-Format vergrößert werden. Die Aufgaben- und Ereigniskarten können von den Schülern ausgeschnitten werden. Das Spiel ist so offen gestaltet, dass man es für eine Einstiegs- oder Wiederholungsstunde, aber auch als isolierte Ergänzung zum Thema „Glauben im Mittelalter" verwenden kann.

Spielanleitung

Zunächst losen die Schüler durch Ziehen einer der vier Rollenkarten „ihre" Charaktere aus. Jeder liest zu Beginn die Informationen zu seiner Rolle laut vor. Der links neben dem am Zug befindlichen Spieler sitzende Mitspieler zieht eine Karte. Ist es eine Aufgabenkarte, so liest er die Aufgabe vor. Gibt der am Zug befindliche Spieler die richtige Antwort, so darf er sich um drei Schritte voran bewegen. Gibt er die falsche Antwort, so muss er stehen bleiben.

Wird eine Ereigniskarte gezogen, so verliest sie der Spieler, der sie aufgenommen hat. Der Spieler, der am Zug ist, folgt der entsprechenden Anweisung. Das Spiel ist beendet, wenn alle Karten ausgespielt wurden. Gewonnen hat, wer zuerst am Ziel in Santiago de Compostela ankommt oder wer dem Ziel am nächsten ist, wenn die letzte Karte gespielt wurde. Sind nach Abschluss der letzten Runde zwei Spieler gleichauf, dann wird die Lehrkraft hinzugezogen. Diese stellt dann eine Stichfrage. Falls nur drei Spieler eine Gruppe bilden, wird die jeweilige Schrittzahl immer um einen Schritt verringert.

Varianten und Ergänzungen

Die Rollenkarten können auch zu Beginn verlesen oder mit einem Overhead-Projektor an die Wand projiziert werden. In einem einführenden Unterrichtsgespräch werden dann die Motive und die Lebensumstände entweder als Wiederholung oder im freien Gespräch, je nach dem, welche Themen zuvor behandelt wurden, erläutert.

Eine weitere Möglichkeit ergibt sich, wenn jeder Mitspieler seine Rollenkarte und seine Ereigniskarten mit nach Hause nimmt und als Hausarbeit auf dieser Basis einen kurzen Reisebericht oder ein Tagebuch des Reisenden verfasst. Die folgenden Seiten aus dem Internet können dabei für eine ergänzende Recherche durch die Schüler genutzt werden:

www.kath.de/quodlibe/santiago/santiago.htm
(Eine übersichtlich aufgebaute Seite zum Pilgerwesen im Mittelalter mit dem Schwerpunkt Santiago de Compostela und auch für Schüler der sechsten oder siebten Klasse verständlichen Texten.)

http://ck.hanau.net/pilger.htm
(Seite zum Projekt „Pilgerwege in Europa" der Otto-Hahn-Oberschule Hanau mit kurzen Darstellungen verschiedener Aspekte des Pilgerwesens. Aufgrund der klaren Strukturierung ist diese Seite besonders als Ausgangspunkt zur gezielten Recherche verschiedener Teilthemen geeignet.)

LITERATUR

Angenendt, A.: Grundformen der Frömmigkeit im MittelalterMittelalter. (Enzyklopädie Deutscher Geschichte; 68.) München 2004

Bernhardt, M.: Das Spiel im Geschichtsunterricht. Schwalbach/Ts. 2003

Borst, A.: Lebensformen im Mittelalter. Frankfurt a.M., Berlin 1973

Fleischer, G.: „Wenn du aufbrechen willst, sollst du Gott um seine Hilfe bitten." Berichte und Gedanken zum Jakobsweg. In: Praxis Geschichte, H. 3/2001 „Mobilität im Mittelalter", S. 51–53

Santiago de Compostela

In dem spanischen Wallfahrtsort verehren Christen seit dem 9. Jahrhundert den Apostel und ersten christlichen Märtyrer Jakobus den Älteren. Im 8. Jahrhundert, kurz vor der muslimischen Invasion, verbreitete sich die Legende, Jakobus habe in Spanien missioniert. Obwohl der zum Freundeskreis Jesu gehörende Apostel 43 n. Chr. in Jerusalem enthauptet wurde, entdeckte man im 9. Jahrhundert in Santiago sein vermeintliches Grab. Es ist seitdem Anziehungspunkt für Pilger aus aller Welt, die am Ziel eine Jakobsmuschel erhalten.

Jakobsmuschel, französische Glasmalerei in der Kathedrale von Evreux
Foto: akg-images

Rollenkarte
Du bist ein Mönch und lebst in einem brandenburgischen Kloster. Dafür, dass du ein wertvolles Buch aus der Klosterbibliothek schwer beschädigt hast, verhängte der Abt des Klosters eine Pilgerfahrt nach Santiago de Compostela als Buße.

Rollenkarte
Du bist ein Fernkaufmann aus Rostock, dessen Schiff auf seiner letzten Handelsfahrt nach Nowgorod in einem schweren Sturm fast gesunken wäre. Als der Sturm am heftigsten wütete, schworst du vor Zeugen, dass du auf Pilgerreise nach Santiago de Compostela gehen würdest, wenn das Schiff den Sturm überstehen sollte.

Rollenkarte
Du bist ein 50-jähriger Bauer, der am Ende seines Lebens auf Pilgerfahrt gehen möchte, um Vergebung für all seine Sünden zu erhalten und den Beistand eines Heiligen für seine letzte Reise zu erlangen.

Rollenkarte
Du bist ein junger Ritter und hast noch keinen eigenen Stammsitz. Während deine Brüder beim Vater auf der heimischen Burg bleiben, versuchst du dein Glück in der Welt. Da es zur Zeit keine ehrbare Fehde oder gar einen Kreuzzug gibt, an dem du für einen Gefolgsherrn teilnehmen kannst, beschließt du, auf eine Pilgerfahrt nach Santiago de Compostela zu gehen, um dir den Beistand des heiligen Jakobus für deine weiteren Taten zu sichern.

Aufgabenkarte
Du bist auf deinem Weg auch in die Stadt Vezelay, einem wichtigen Sammelpunkt für Pilger nach Santiago, gekommen.
1) Suche die Stadt auf dem Spielplan.
2) Der Mönch Bernard von Clairvaux hielt hier im Jahre 1146 eine mitreißende Rede, in der er die ganze Christenheit zu einem Kreuzzug zur Befreiung heiliger Stätten aufrief. Welche Stätten waren damit gemeint?

Mögliche richtige Antworten: (Jerusalem / Palästina / Israel)

Ereigniskarte
Pilger haben einen Teil ihres Weges oft gemeinsam mit anderen Pilgern zurückgelegt. Auch dir schließt sich ein Pilger an, der den gleichen Weg wie du zu haben vorgibt. Doch dann stellt sich heraus, dass er ein Landstreicher und Schmarotzer ist, der sich in den Pilgerherbergen und Klöstern gut versorgen lässt und sich am Ende in einer stillen Nacht mit all deinen Habseligkeiten davonmacht. Du suchst noch eine Weile vergebens nach ihm und musst deshalb einmal aussetzen.

Ereigniskarte
Pilger trugen spezielle Kleidung: einen schweren Mantel, einen Pilgerstab und eine Pilgertasche mit dem Allernotwendigsten für die Reise. Dir ist dein Pilgerhut, an dem am Ziel der Pilgerfahrt eine Jakobsmuschel befestigt werden soll, gestohlen worden. Du musst dir zuerst einen neuen Hut besorgen und gehst diesmal nur einen Schritt. Der Ritter findet schneller adlige Freunde, die ihm helfen, und kann deshalb immerhin zwei Schritte gehen.

Ereigniskarte
In Südfrankreich begegnest du Menschen, die behaupten, dass nur der eigene Glaube darüber entscheidet, wer in den Himmel und wer in die Hölle kommen wird. Die Kirche und ihre Vorschriften, so sagen sie, haben darauf keinen Einfluss. Deine Gesprächspartner werden „Ketzer" genannt und von der Kirche verfolgt. Sogar ein Kreuzzug wurde gegen diese Leute durchgeführt. Da du in der Nähe der Ketzer von den Männern des Bischofs aufgegriffen wirst, musst du zur Buße, bevor du nach Santiago weiter darfst, eine Wallfahrt nach Rom machen und deshalb einmal aussetzen.

Aufgabenkarte
Von Hamburg nach Santiago war ein Fußweg von etwa 2.700 km zurückzulegen. Ein Tagesmarsch entsprach etwa 25 km. Das bedeutet ca. fünf bis sechs Stunden strammes Marschieren – und das jeden Tag bei jedem Wetter auf steinigen, engen Gebirgspfaden oder schlammigen Feldwegen! Berechne im Kopf, wie viele Marschtage unser Pilger alleine benötigte. Du hast nur einen Versuch!

Antwort: 108 Tage
Tatsächlich dauerte eine solche Reise etwa ein bis zwei Jahre (weshalb?)

Ereigniskarte
Du erfährst von Wanderern, dass in der nächsten Stadt auf deinem Weg eine Seuche ausgebrochen ist. Um nicht angesteckt zu werden, gehst du einen großen Umweg. Wenn du der Ritter, der Kaufmann oder der Bauer bist, musst du deshalb aussetzen. Der Mönch geht in die Stadt, um den armen Kranken zu helfen, geht aber weiter, nachdem er so viel getan hat, wie ihm möglich war. Er kann deshalb zwei Schritte gehen.

Ereigniskarte
Bei der Ankunft am nächsten Übernachtungsort stellst Du fest, dass die ganze Stadt in Aufruhr ist. Die Mönche des nahe gelegenen Klosters haben einen Knochen des heiligen Stephan entdeckt. Du verbringst die Nacht betend und singend mit Hunderten von Menschen in der Klosterkirche. Am nächsten Tag musst du erst einmal ausschlafen und gehst deshalb nur einen Schritt.

Aufgabenkarte
Die Menschen im Mittelalter lebten immer in der Erwartung des Endes der Welt und des Jüngsten Gerichts. Dabei würden die guten Taten und Tugenden jedes Einzelnen gegen seine Untaten und Laster aufgerechnet werden. Nur wer besonders tugendhaft war, konnte in den Himmel gelangen. Nenne drei der sieben Todsünden, der schlimmsten Laster!

Mögliche Antworten: Stolz, Geiz, Zorn, Unmäßigkeit / Verschwendung, Neid, Unkeuschheit, Trägheit

Ereigniskarte
In deinem nächsten Etappenort hat der Bischof die Waren einiger Kaufleute beschlagnahmt, um einen hohen Gast bewirten zu können. Die Bürger verschworen sich deshalb. Sie haben einen Eid geleistet, den Bischof zu vertreiben und ihn nicht wieder in die Stadt zu lassen. Als Kaufmann wirst du aufgenommen und darfst deine zwei Schritte gehen. Alle anderen müssen sich woanders nach einem Nachtlager umschauen und deshalb einmal aussetzen.

Ereigniskarte
Viele Menschen im Mittelalter waren abergläubisch. So glaubten manche, es gäbe Schiffe, die in den Wolken fahren könnten. Die Luftschiffer gäben Zauberern unter den Menschen, die dafür das Wetter beeinflussten, eine Belohnung und bekämen dafür das Getreide und die Früchte, die durch Unwetter zerstört würden. Fremde wurden manchmal für Wolkenschiffer, die aus ihren Schiffen gefallen sind, gehalten. – Du wirst in einem abgelegenen Ort für einen Wolkenschiffer gehalten und festgenommen. Erst der Priester des Ortes kann erreichen, dass du wieder freigelassen wirst. Deshalb darfst du nur einen Schritt gehen.

Aufgabenkarte
Was ist eine Reliquie?

a) ein besonderer Edelstein in Königskronen
b) ein Gegenstand, der mit einem Heiligen in Verbindung gebracht wird
c) ein besonderes Abzeichen am Hut eines Pilgers
d) ein Buch mit Wegbeschreibungen für Pilger

Antwort: b) ist richtig

Aufgabenkarte
Wer waren die so genannten Flagellanten?

a) Gläubige, die sich selbst mit einem Riemen peitschten und dabei beteten, um öffentlich Buße zu leisten.
b) Landstreicher, die sich als Pilger ausgaben und sich so in Herbergen und Klöstern versorgen ließen.
c) Gläubige, die als besondere Buße Pilgerreisen zu mehreren Zielen hintereinander durchführten.
d) Pilger, die sich im französischen Flagelay trafen, um von dort aus gemeinsam nach Santiago de Compostela zu pilgern.

Antwort: a) ist richtig

Aufgabenkarte
Im Mittelalter entschied man Rechtsfragen oft mit „Gottesurteilen", d. h. in einem öffentlichen Wettkampf zwischen den Streitenden. Gott offenbarte nach Ansicht der Menschen die Wahrheit, indem er über Sieg und Niederlage entschied.

Welche der folgenden „Wettkämpfe" wurden tatsächlich zur Wahrheitsfindung benutzt?

a) Die Kerzenprobe: Zwei gleich große Kerzen wurden gleichzeitig angezündet. Recht hatte, wessen Kerze länger brannte.
b) Die Feuerprobe: Der Verdächtige hatte barfuß über glühendes Metall zu gehen. War er unschuldig, blieb er unverletzt.

Antwort: beide sind richtig

Aufgabenkarte
Was ist ein Hospiz?

a) Eine Plakette am Stab eines Pilgers, die auf sein Ziel hinweist.
b) Ein pfefferkuchenartiges Gebäck, das Pilger wegen seiner Haltbarkeit mitführten.
c) Eine Unterkunft für Pilger bei einem Kloster.
d) Bezeichnung für einen besonderen Gottesdienst, der am Ende einer Pilgerfahrt abgehalten wurde.

Antwort c) ist richtig

Ereigniskarte
Eine Sonnenfinsternis verdunkelt den Himmel. Die Menschen glauben, dass das Ende der Welt gekommen sei. Als Bauer oder Ritter unterbrichst du deine Pilgerfahrt und betest um dein Seelenheil, d. h. du setzt diesmal aus. Als Mönch tröstest du die Gläubigen, weißt aber aus den Schriften in deiner Klosterbibliothek, dass es auch schon früher solche Ereignisse gab, ohne dass die Welt untergegangen wäre. Du gehst zwei Schritte. Der Kaufmann ist so viel in der Welt herumgekommen, dass er solchen Aberglauben nicht teilt, er geht drei Schritte voran.

Aufgabenkarte
Für viele Pilger war die Hoffnung auf Erlösung von ihren Sünden das wesentliche Motiv der Reise. Die Menschen im Mittelalter waren sicher, dass nach ihrem Tod ihre guten Taten und ihre Sünden gegeneinander aufgerechnet würden. Sollten die Sünden überwiegen, so kämen sie für alle Zeiten in die Hölle. Es gab aber einen Ausweg für die, deren Sünden noch nicht so groß waren, um sie direkt in die Hölle zu befördern. An einem besonderen Ort sollten sie so lange leiden, bis sie ihre Sünden gebüßt hatten und in den Himmel gelangen konnten. Wie hieß dieser Ort?

a) Jenseits b) Eden c) Walhalla d) Fegefeuer

Antwort: d) ist richtig

Grafik: Westermann / Foto: akg-images

Spielregeln:
Die Spielkarten sollten gut gemischt werden.
Der jüngste Spieler beginnt.
Der Nachbar des Spielers, der am Zug ist, nimmt eine Spielkarte auf und liest vor.
Wird eine Frage richtig beantwortet, geht man drei Schritte, sonst bleibt man stehen.
Das Spiel ist zu Ende, wenn alle Karten ausgespielt sind.
Sieger ist, wer zuerst am Ziel oder dem Ziel am nächsten ist.
Kommen zwei Spieler im selben Zug ins Ziel, gewinnt der, der die meisten Schritte übrig hat.
Sind dann beide gleichauf, stellt der Lehrer eine Stichfrage.

„Komm, spiel mit, Kolumbus“

Spielideen zur Entdeckung Amerikas

Ein Kind erfährt im Alltag häufig seine Hilflosigkeit und Unterlegenheit gegenüber Erwachsenen. Im Spiel hingegen kontrolliert das Kind seine Umwelt in viel größerem Maße und erfährt, dass es selbst vieles bewirken kann; beim Spielen bekommt das Kind Macht und Einfluss.
Erfährt sich ein Kind im Spiel als Gestalter seiner Umwelt, so bildet sich dabei auch sein Selbstbewusstsein. Spielen ist damit auch Vorbereitung auf Lernen und Arbeit.

Eberhard Bolay

Spielen hat aber auch die Funktion der Erholung, Entlastung und des Kräftesammelns. Spielerisches Verhalten ist lustvoll, damit auch selbstverstärkend, und wird zusätzlich von der Umgebung entsprechend verstärkt. Spielen ist besonders wichtig für die Lernmotivation.

Durch spielerisches Handeln sammeln Kinder Erfahrungen und damit Wissen. Indem das Kind reift, löst es sich immer mehr vom direkten physischen „Begreifen“ der Dinge. Geistige Symbole ersetzen körperliche Objekte, es lernt „spielend“ denken. Das Kind denkt über Dinge nach, indem es verinnerlichte Handlungen mit symbolischen Objekten durchführt. Wenn Denken sich aus dem Handeln entwickelt, dann darf die Bedeutung des kindlichen Spieles für Lernprozesse nicht unterschätzt werden. Trotzdem ist Spielen in der Schule, heute wohl einer der wichtigsten Lernorte unserer Kinder, eher eine Randerscheinung.

Spielen mit Kindern heißt, sich ganz auf sie einzulassen, ihnen dabei möglicherweise sogar die Führung des Geschehens einzuräumen. Im Spiel sind alle Spielenden gleichberechtigt. In der Geborgenheit des Spieles sind die Kinder selbständig und werden ernst genommen. So kann Spielen auch Beziehungen verändern.

Zielsetzung

Diese Spielstunden sind als Rollenspiele zum gemeinsamen Handeln konzipiert. Dies erfordert eine relativ hohe soziale und kognitive Kompetenz. Festgelegte Regeln machen die Spiele erst reizvoll. Oft sind spezifische Fertigkeiten gefordert. Im Wettkampf findet der Leistungsvergleich unter den Partnern statt.

Die Kinder sollen sich identifizieren. Je intensiver die Rollenübernahme stattfindet, desto mehr werden die Kinder mitgehen, und desto mehr wird wohl auch gelernt werden. Damit die Rollen leichter angenommen werden können, empfiehlt sich die Ausgabe von persönlichen Spielnamen. Aus demselben Grunde bekommt jede Gruppe auch ein äußeres Erkennungszeichen: Kopftuch, Holzstock (Degen), Holzkreuz (Schwert oder Kreuz) oder etwas Ähnliches für die Spanier. Die Indianer erhalten alle eine Halskette (Amulett), eine Gesichtsbemalung oder laufen barfuß.

Wer möchte, der kann im Kunst- oder Werkunterricht zuvor auch Schmuck, Geräte, Waffen, Kleidung, Schuhe usw. nach Indianerart herstellen. Schminken und Kriegsbemalung ist für die Indianer wichtig. Im Schullandheim könnten die Gruppen im Haus ausschwärmen und sich innerhalb einer bestimmten Zeit mit allem verfügbaren Material zu Indianern bzw. Spaniern verkleiden.

Planung und Organisation

Die Spielideen sind für den Unterricht ebenso geeignet, wie für Klassennachmittage oder Schullandheimaufenthalte. Wir haben diese Spiele so eingesetzt, daß eine historische Abfolge von der ersten Überfahrt bis zur Zeit der Sklaverei entstand. Zu den einzelnen Spielen haben wir stets einleitende Worte zum geschichtlichen Hintergrund erzählt. Wir denken, daß jeder derartige Verkleidungsspiele, Scharaden, Reiterspiele, Hindernisläufe etc. selbst entwikkeln kann. Diese Ideen sollen dazu Anregungen bieten.

Am besten wird die Klasse in vier Gruppen geteilt. Der Wettkampf findet dann zwischen zwei Gruppen von (spanischen) Konquistadoren und zwei Indianervölkern statt. Die einen nannten wir „Tainos“ (jenes friedfertige Volk, das Kolumbus in der Karibik zuerst traf), die anderen bekamen einen beliebigen Namen, z.B. „Kariben“ (das Volk, das Kolumbus als kämpferisch beschrieb). Die spanischen Gruppen heißen nach ihren Führern, z.B. *Kolumbus* und *Cortez*. Jeder Spieler zieht einen Zettel und bekommt seinen persönlichen Namen. Originalnamen wie *Guacanagarix, Enriquillo, Cotubanama, Guarionex, Catalina, Anacaona* finden sich in *Bolay* (1994). Für die zweite Gruppe könnten dann Namen nach dem Muster „der mit dem Wolf tanzt“, z.B. Fliegender Pfeil, Starker Bär usw. gewählt werden. Die „Spanier“ können sich *José, Rodrigo, Enrique* etc. taufen lassen. Nomen est omen – das war für die Indianer ebenso wichtig, wie für die Konquistadoren: *Kolumbus* nahm die Länder und Inseln stets durch Benennung in Besitz.

Am Ende können Punktsummen verglichen und Sieger gekürt werden. Jedoch sollen die Spiele vor allem Spaß machen und lustig sein.

LITERATUR

Bolay, E.: Wer knackt die Paranuß? Spiele zur Entwicklungspolitik. Brot für die Welt/Misereor/Gepa/EmK 1991

Ders.: Hispaniola 500 Jahre danach. Die Indianer Quisqueyas, Haiti und Dominikanische Republik. Erlangen 1994 (mit ausführlicher Literaturliste)

Crosby, A.: Die Früchte des Weißen Mannes. Ökologischer Imperialismus 900-1900. Frankfurt a. M. 1991

M | 1 Die Überfahrt

Zwei Gruppen, jede bekommt ein weißes Leinentuch auf dem ein ca. 20 cm breiter, unregelmäßig begrenzter blauer Kreidestreifen – eine Wasserstraße – aufgezeichnet ist. Alle müssen nun, ähnlich einem Sprungtuch der Feuerwehr, das Tuch am Rand fassen und ein Schiffchen auf der Wasserstraße von der einen Seite zur anderen, von Europa nach Amerika, gleiten lassen. Kommt das Schiff dabei „vom Kurs ab", d.h. gerät es außerhalb des blauen Streifens, so muss nochmals begonnen werden. Die Gruppe, die ihr Schiffchen am schnellsten im Ziel hat, gewinnt. Ein Probelauf ist wohl sinnvoll.

M | 2 Ritualisierte Darstellungen

Die Indianer pflegten sogenannte „Areitos", Spiele, in denen getanzt, Geschichten aus der Vergangenheit und Gegenwart erzählt wurden. Das war „Gottesdienst", Vergnügen, Schule und Geschichtsunterricht in einem für die Jugend.

Als Scharaden werden verschiedene Begriffe pantomimisch dargestellt:

- Wir verehren eine Naturgottheit, z.B. Sonne, Mais, Puma...
- Wir halten eine Häuptlingsversammlung ab und besprechen z.B. die Verteilung der Jagdbeute oder...
- wie vertreiben wir die weißen Eindringlinge?

M | 3 Begegnungen zwischen Indianern und Spaniern

Spanier und Indianer verstanden einander nicht, die Sprache des einen war dem anderen völlig fremd. **Kolumbus** ging, wie es für seine Zeit typisch war, davon aus, dass sich alle Sprachen von Latein oder Griechisch herleiten. Die Indianer sprachen für ihn nur einen primitiven Dialekt. Es war ihm völlig unbegreiflich, dass es Verständigungsprobleme geben konnte, wo doch sein Dolmetscher alle damals gängigen Weltsprachen, ja sogar Aramäisch, die Sprache **Jesu**, beherrschte. Sprachliche Kommunikation war also zunächst praktisch nicht möglich.

Nun sollen verschiedene Gesprächsanlässe nachgespielt werden. Rein körpersprachlich, nur mit Mimik und Gestik, sollen die Spanier den Indianern klar machen:

- Wir haben Hunger, versorgt uns.
- Wir suchen Gold. Ihr bekommt schöne Glasperlen dafür.
- Welche Religion habt ihr?

Die Indianer zu den Spaniern:

- Wir freuen uns, dass ihr kommt. Wir sehen in euch die geweissagten Weißen Götter.
- Habt ihr noch mehr so schöne Glasperlen? Ihr bekommt alles, was ihr wollt.
- Was wollt ihr hier?

M | 4 Rituelles Ballspiel

Die Indianer der Neuen Welt spielten mit einem Naturkautschukball ein Ballspiel mit Ritualcharakter. Zwei Gruppen spielen mit Luftballons. Gespielt wird auf zwei ein Meter breite Tore. Der ganze Körper darf benutzt werden, nur die Hände und Füße nicht. Wer zuerst drei Tore „geschossen" hat, ist Sieger. Bei der Regel, Hände und Füße nicht zu verwenden, darf der Schiedsrichter wohl nicht zu streng sein. Spieler entsprechender Körpergrößen sollten eine Mannschaft bilden. Zu starkes Gedrängel und zu hartes Spiel sind dabei zu vermeiden.

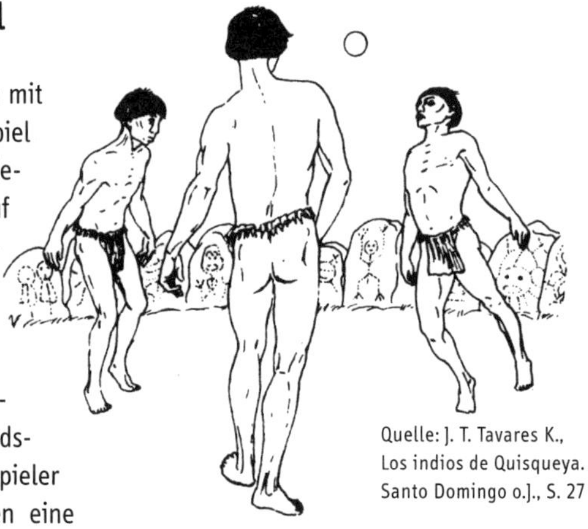

Quelle: J. T. Tavares K., Los indios de Quisqueya. Santo Domingo o.J., S. 27

M | 5 Popcorn und Pommes mit Tomatenketchup

Viele Lebens- und Genussmittel kennen wir erst seit der Eroberung der Neuen Welt, so z.B. Mais (Popcorn), Kartoffeln (Pommes), Tomaten (Ketchup), Zuckerrohr, Tabak, Kakao, Ananas, Quinoa, Coca, u.v.a. Die nötigen Informationen für Arbeitsblätter lassen sich leicht einem Konversations- oder Nutzpflanzenlexikon entnehmen.

Als Einstieg sollte Popcorn aus Popmais gemacht und gegessen werden – das ist immer ein sicherer Knalleffekt. Popcornmaschinen werden gerne mitgebracht. Ebenso kann auch eine Kochplatte mit Topf und Deckel, besser Sieb, benutzt werden. Gemeinsam wird Wissen im Gespräch zusammengetragen. Was wisst ihr über diese Nahrungsmittel? Welche Rolle spielen sie hier und dort? Was wollt ihr noch wissen? Eventuell sind den Schülern Bücher und andere Materialien für eigene Recherchen anzubieten. (Dazu: Spielvorschläge von **Peter Knoch** in Praxis Geschichte H. 1/1992, S. 32–34.)

Vom Mais könnte man erzählen. Mais, auf Englisch „IndianCorn", war wirklich ein reines „Indianer-Korn" und die Lebensgrundlage der Indianervölker. **Miguel Angel Asturias** beschreibt in seinem spannenden Roman „Die Maismänner", was diese Frucht für Mittelamerika bedeutet. Dem Mythos nach ist Mais verflucht, wenn er aus dem kleinbäuerlichen Anbau herausgerissen wird. Die ökologischen Schäden (Bodenabtrag und Auswaschung), durchaus auch der ökonomische Nutzen als Futterpflanze mit großer Biomasse für unsere Landwirtschaft können angesprochen werden. Auch Afrika wurde durch den Mais verändert. Er kam als billiges Nahrungsmittel für den Sklavenhandel und ist heute so eingebürgert, dass viele Afrikaner Mais nicht aus dem Alltag wegdenken können.

Wird das Popcorn mit Zucker gegessen, so sollte dieses Massenprodukt zum Thema werden. Die Karibischen Inseln machte **Kolumbus** zu Zuckerinseln. Als Kolonist und weitsichtiger Unternehmer brachte er bereits auf seiner zweiten Reise 1494 Zuckerrohr mit. Nachdem die ersten überseeischen Kolonien Spaniens, die Kanarischen Inseln, durch Plantagen ökologisch bereits ruiniert worden waren, eroberte dieses große, süße Gras von Hispaniola aus die neue Welt.

Schließlich kann auch das Rauchen angesprochen werden. Tabak ist eine Nutzpflanze aus Amerika, die zuerst von den Indianern geraucht wurde. Die Tainos nutzten ihn als Medikament und als rituelle Droge. Sie stellten Zigarren (**tubano**) her oder schnupften ihn mit anderen Kräutern. Indianischer Drogengenuss war jedoch keine individuelle Lustbefriedigung, sondern ein religiöses Gemeinschaftserlebnis, ähnlich vielleicht dem christlichen Abendmahl. Es ist uns heute bekannt, dass Drogen im rituellen Kontext anders wirken.

„... und die Bauern sind immer die Dummen“

Die französische Gesellschaft im Absolutismus

Tina Dietz

Spiel-Informationen

Das Spiel „Frankreich im 18. Jahrhundert“ ist für die Realschule (Lehrplaneinheit 2: Die Unabhängigkeitserklärung der USA und die Französische Revolution veränderten die gesellschaftliche und staatliche Ordnung) sowie für die Hauptschule (Lehrplaneinheit 1: Der Absolutismus) gedacht.

Es ist möglich, das Spiel in einer Schulstunde zu spielen und zu besprechen, wenn die Schüler gewisse Vorkenntnisse über die absolutistische Ständeordnung sowie das ungleiche französische Steuer- und Abgabensystem im 18. Jahrhundert mitbringen. Es sollten den Schülern folgende Begriffe klar sein:

- Pacht
- Zehnt
- Rohstoffe
- Klerus
- Fronarbeiter
- Kolonie
- Manufaktur (-arbeiter)
- Grundherr
- Direkte und indirekte Steuern
- Import und Export

Meist wird im Geschichtsunterricht mit Schaubildern, Quellentexten, Diagrammen und Filmen gearbeitet. Diese Medien machen dem Schüler die Ungerechtigkeiten des absolutistischen Systems jedoch nur bedingt erfahrbar. Deshalb sollen die Schüler bei diesem Spiel in die Rolle eines Standesmitglieds im Frankreich des 18. Jahrhunderts schlüpfen und sich mit ihm identifizieren. Um dies zu erleichtern, ist es sinnvoll, sie nicht als Stände, sondern als einzelne Personen agieren zu lassen. Hierzu soll sich jeder Schüler einen Namen geben (z. B.: Bauer = **Jacques** aus Finistère). Um die Verhältnisse des 18. Jahrhunderts richtig lebendig werden zu lassen, bekommt jeder Mitspieler so viel Geld, wie es seinem Stand angemessen ist.

Mit Hilfe der Karten, des Geldes und der unterschiedlichen Anzahl an Feldern sollen die Schüler die ungleichen Rechte und Pflichten kennenlernen und die Ungleichheit der Stände erfahren.

Das Spiel soll bei den Schülern jedoch auch Fragen aufwerfen und zum kritischen Denken anregen, so daß am Ende des Spieles Erfahrungen ausgetauscht sowie Fragen formuliert und beantwortet werden können.

Der Grundgedanke des Spiels, ungleich verteilte Chancen und Ungerechtigkeit erfahrbar zu machen, kann auf jedes andere System mit Ständen und Schichten übertragen werden. So lässt sich durch Änderung von Personen und Karten das Spiel auch für andere Lehrplaneinheiten verwenden.

Spielregeln

Jeder Spieler erhält eine Spielfigur und gibt dieser einen Namen. Danach bekommt jeder aus der Kasse, die der König verwaltet, ein Startkapital:

Der Adelige	20 000 Livres
Der Kleriker	30 000 Livres
Der Kaufmann / Bürger	4 000 Livres
Der Bauer / Manufakturarbeiter	1 500 Livres

Dem König gehört das Restgeld in der Kasse.

Alle Spielfiguren beginnen auf ihrem ersten Feld. Die Karten mit den Aufgaben werden von jedem Spieler selbst verwaltet.

Der König beginnt mit dem Würfeln, nach ihm kommt der Adel, der Klerus, der Kaufmann und zuletzt der Manufakturarbeiter/Bauer an die Reihe.

Wird eine 1, 2 oder 3 gewürfelt, geht jeder Spieler ein Feld vor. Bei einer 4 oder 5 heißt es ein Feld zurückgehen, und bei einer 6 muss einmal ausgesetzt werden. Nach jedem Zug (auch rückwärts) müssen die Spieler eine Karte von ihrem Stoß ziehen und die Aufgabe erfüllen.

Auftretende Probleme sollten die Spieler gemeinsam zu lösen versuchen oder aber nach Spielende in der Klasse besprechen.

LITERATUR

Kathe, H.: Der „Sonnenkönig“. Berlin 1981
Reichhardt, R.: Die Französische Revolution. Würzburg 1988
Vierhaus, R. (Hrsg.): Der Adel vor der Revolution. Göttingen 1971
Von den Heuvel, G.: Grundprobleme der französischen Bauernschaft 1730–1794. München/Wien 1982

Zeichnung: Westermann

König:

Für Kunst und Wissenschaft ist dir nichts zu teuer. 10 000 Livres verschwinden aus der Kasse und dem Spiel.

Du bekommst eine neue Garderobe. Es werden 2000 Livres aus der Kasse entfernt und dem Spiel entzogen.

Du verdienst viel Geld im Ausland, indem du billige Rohstoffe importieren und teure Fertigprodukte exportieren lässt. Ziehe 3 Felder vor.

Du hast ein großes Fest gefeiert, das sehr teuer war, deshalb muss der 3. Stand jeweils 50 Livres an die Kasse zahlen.

Dein Heer fordert Geld. 2000 Livres werden aus der Kasse und dem Spiel entfernt.

Es gelingt dir, Beamte einzusetzen, die nur von dir abhängig sind. Rücke 3 Felder vor.

Der König benötigt Geld. Es werden von jedem Mitspieler 100 Livres als indirekte Steuern weggenommen. Das Geld bekommt die Kasse.

Du eroberst eine neue Kolonie. Da du jetzt billig Rohstoffe einführen lassen kannst, rücke 4 Felder vor.

Adel:

Wenn du weniger als 7000 Livres besitzt, wird deine Tochter mit einem Kaufmann verheiratet. Dies bedeutet einen Abstieg. Ziehe dann ein Feld zurück.

Du hast das Holzrecht und bekommst beim Holzverkauf 700 Livres aus der Kasse.

Du trittst als Mönch in die Kirche ein und wirst Bischof. Würfle nochmals und gehe die doppelte Augenzahl vorwärts.

Der König will Kolonien erobern. Du musst in den Krieg. Zahle 1000 Livres an die Kasse.

Du wolltest eine Tuchhandlung eröffnen, darfst dies jedoch nicht. Zahle 1000 Livres an die Kasse.

Du bekommst ein hohes Amt in der Armee und somit mehr Gehalt. Nimm 1000 Livres aus der Bank.

Du gehst auf die Jagd und darfst deshalb 1 Feld vorrücken.

Kaufleute / Beamte / Bürger:

Wenn du mehr als 20 000 Livres besitzt, darfst du ein Staatsamt kaufen. Damit musst du keine direkten Steuern mehr bezahlen. Es kostet dich nur 5000 Livres.

Du baust ein neues Gebäude für deine Manufaktur. Setze einmal aus, gehe dafür das nächste Mal 4 Felder vor.

Du hast mit dem Nadelexport viel Geld verdient. Nimm 2000 Livres aus der Kasse.

Dein Geschäft geht gut. Du bekommst von der Kasse 1000 Livres.

Du kaufst Rohstoffe aus Spanien. Zahle 1000 Livres an die Kasse.

Bauern / Manufakturarbeiter:

Du musst, wenn du weniger als 500 Livres besitzt, deine Kuh an den König verkaufen. Gehe ein Feld zurück.

Der Grundherr will 30 Livres für die Benutzung des Backhäuschens, der Weinpresse etc. Bezahle das Geld an die Kasse.

Wenn du mehr als 1500 Livres besitzt, hast du Gesinde (Magd und Knecht) angestellt. Bezahle als Lohn 80 Livres an die Kasse.

Deine Frau geht einkaufen. Bezahle 200 Livres für Nahrungsmittel.

Du musst den Zehnt an den Klerus bezahlen. Gib den zehnten Teil deines Besitzes an den Klerus ab.

Die jährliche Pacht an die Kirche wird fällig. Bezahle 200 Livres an den Klerus.

Du hast eine schlechte Ernte hinter dir. Bezahle 100 Livres an die Kasse und gehe 5 Felder zurück.

Die jährliche Pacht beim Kaufmann wird fällig. Bezahle 200 Livres an ihn.

Der König braucht Fronarbeiter für Straßen- und Wegebau. 3 Felder zurück.

Der Adel geht zur Jagd und du musst treiben. 4 Felder zurück. (Treiben = Tiere aufjagen)

Klerus:

Der Klerus gibt freiwillig Steuern an den König ab. Wähle selbst, wie viel Geld du an die Kasse abgibst.

Ein Manufakturarbeiter hat ein Brot gestohlen. Du verurteilst ihn zu einem Zug rückwärts.

Der Zehnt wird fällig. Nimm dir ein Zehntel vom Besitz des Bauern.

Ein reicher Adeliger spendet viel Geld. Du darfst 3 Felder vorrücken.

Du wirst zum Bischof ernannt und bekommst deshalb 1000 Livres.

Du pflegst die Kranken und musst deshalb ein Feld zurückgehen.

Bauern / Manufakturarbeiter:

Es ist Winter und du hast nicht genügend Kleidung. Du frierst, deshalb ab sofort immer eine Augenzahl weniger vorrücken als gewürfelt.

Du musst das Zimmer für dich und deine Familie reparieren. Zahle 500 Livres an die Kasse.

Du würdest gerne wieder zurück in deine kleine Schmiede, doch dies geht nicht. Setze einmal aus.

Du hast 12 Stunden hart gearbeitet und fällst müde ins Bett. Einmal aussetzen.

Du hast deine Hand bei der Arbeit verletzt und kannst nicht arbeiten. Zahle 200 Livres an die Kasse.

Du hast dir bei der Arbeit einen Husten zugezogen und benötigst Arznei. Zahle 80 Livres an die Kasse.

Dein fünftes Kind ist unterwegs. Die Taufe kostet 50 Livres an den Klerus.

Du musst Brot für deine Familie kaufen. Gib 50 Livres an die Kasse.

Deine vier Kinder wollen etwas zu essen. Zahle 100 Livres an die Kasse.

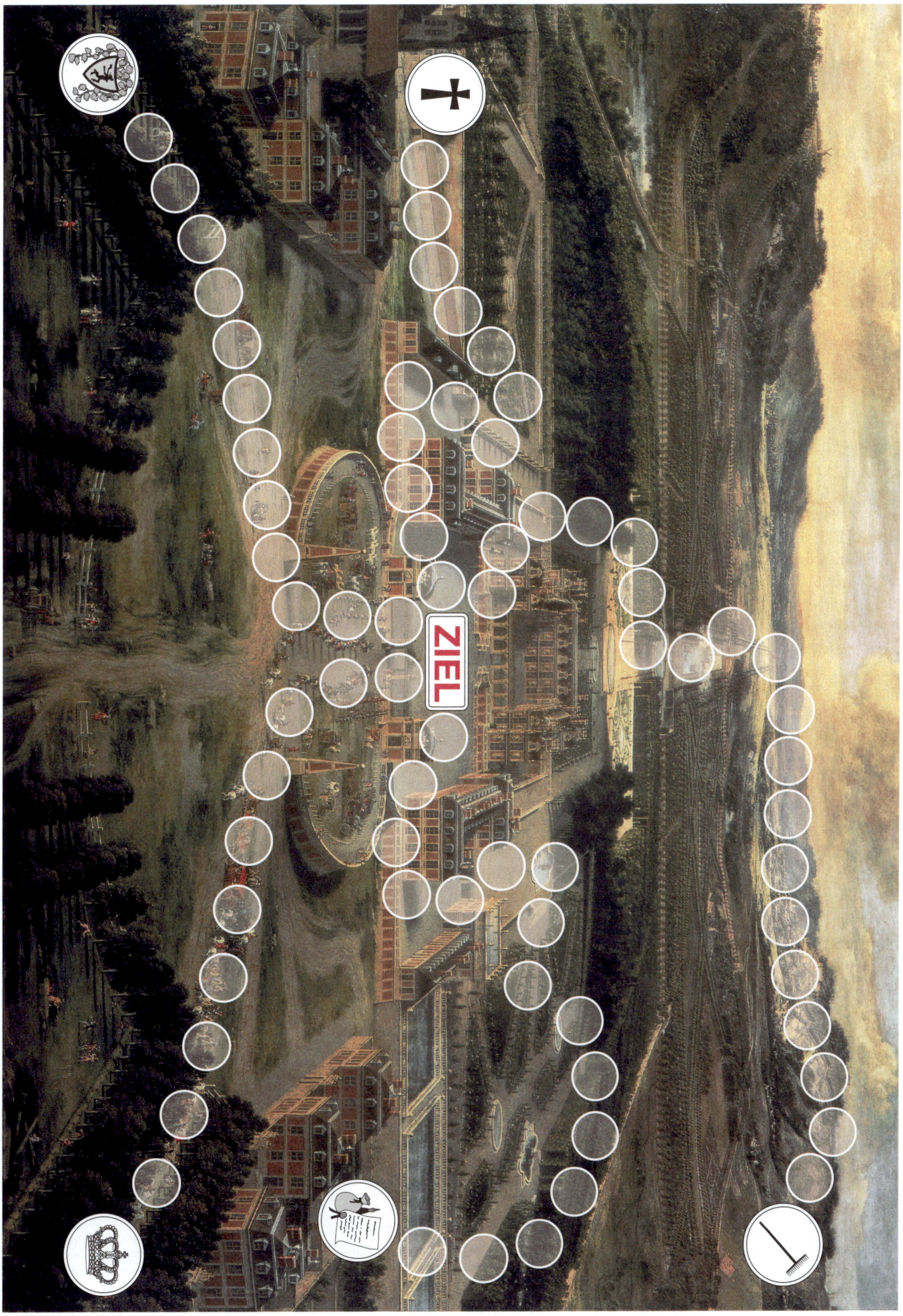
ZIEL

Konnte man 1848 schon telefonieren?

Ein (spielerischer) Versuch zum Thema Alltagstechnik

„Warum gibt's denn von 1789 eigentlich kein Foto?", lautete die Frage, welche den konkreten Anlass für die hier vorgestellte Vertretungsstunde bildet. Sie stellt im Folgenden in spielerischer Form den Versuch dar, Schülerinnen und Schüler an historische Dimensionen der alltagstechnischen Entwicklung heranzuführen.

Rainer Brieske

Die Stunde besteht aus fünf Phasen und kann durch Alternativen in den Kategorien Heuristik, Rekonstruktion und Narrative Erklärung ergänzt werden (Mayer, S. 447 ff.). Dabei sollen Schüler in Tischgruppen zunächst 24 mit Stichworten versehene einfache Legekarten („Erfindungskarten") zu den Themenbereichen Erfindungen/technische Möglichkeiten (siehe Abschnitt A, etwa: Fieberthermometer oder Straßen-Gasbeleuchtung in Berlin etc.) durch Legen in die von ihnen vermutete zeitliche Reihenfolge von deren Erfindung oder erstem bedeutenden Auftreten bringen. Anschließend wird diese Reihenfolge durch die Kombination mit sechs ausgewählten historischen Ereignissen (Abschnitt B, schraffierte „Ereigniskarten") überprüft. Hierbei können Fragen entstehen, wie sie etwa aus dem Titel des Beitrags ersichtlich sind.

Vorbereitung und Durchführung

Für die Tischgruppen müssen die in entsprechender Anzahl vervielfältigten Arbeitsbögen so auseinandergeschnitten werden, dass die Gruppen zunächst nur den Doppelabschnitt A-B erhalten (Abschnitt C wird erst in der Phase 5 des Unterrichts ausgeteilt!).

Phase 1: Die Schüler schneiden die insgesamt 30 beschrifteten Legekarten (A/B) aus. Dann werden die Ereigniskarten (B) beiseite gelegt, sie kommen erst in Phase 3 zum Einsatz.

Phase 2: In Partnerarbeit bringen die Schüler die 24 Erfindungskarten (A) in eine von ihnen vermutete Reihenfolge ihres Entstehens oder Auftretens.

Phase 3: Die 6 Ereigniskarten (B) werden in die zuvor entstandene Folge der Erfindungskarten (A) eingeordnet. Dadurch wird die Kartenreihenfolge nochmals auf ihre Wahrscheinlichkeit hin überprüft.

Phase 4: Auswertung: Die aktuelle „Listenplatznummer" wird jeweils in die Dreiecke rechts oben auf den Erfindungskarten eingetragen (vgl. Phase 5). Ereigniskarten erhalten keine Nummern.

Phase 5: Auswertung mit Hilfe der Lösungsvorlage Abschnitt C. Alle Arbeitsgruppen tauschen ihre Plätze, die Legeergebnisse aber bleiben auf den Tischen liegen! Erst dann wird die Lösungsvorlage C ausgeteilt. Die von den Tischgruppen eingetragenen Listenplatznummern werden gegenseitig mit den tatsächlichen Nummern auf Vorlage C verglichen und nach einem Punktesystem bewertet. Eine Punktevergabe für die einzelnen Tischgruppen kann an der Tafel erfolgen. Genaue „Nummerierungstreffer": 5 Punkte, Abweichungen um maximal zwei Plätze: 1 Punkt. Wer gewinnt?

Ergänzungen/Alternativen

- **Heuristische Variante:** Eingangs der Stunde kann ein Gespräch über wichtige Erfindungen/Möglichkeiten stehen, welche zum Alltag der Schüler gehören (vgl. Kino/Kinematograf, Fahrrad etc. aus A). Ein erstes Fragen nach der historischen Dimension („Seit wann, schätzt ihr, gibt es ...?") ist möglich.
- **Rekonstruktionsvariante:** Durch Erstellen von Zusammenhängen können Schüler eigene Lösungsmöglichkeiten der Zuordnung finden. (Welche Erfindung setzt welche voraus?)
- **Narrative Erklärungsvariante/Problematisierung:** Können auf der Basis des Stundenergebnisses „Wahrscheinlichkeitsgeschichten" verfasst werden?
- Können die „Ereigniskarten" vor dem Kopieren um Jahreszahlen ergänzt und dann zuerst gelegt werden?
- Denkbar ist ebenso der Verzicht auf die „Ereigniskarten" oder deren Ergänzung um weitere Beispiele aus dem Unterricht (siehe Leerkarten, Kopiervorlage).

LITERATUR

Mayer, U.: Spiele im Geschichtsunterricht. In: K. Bergmann u.a., Handbuch der Geschichtsdidaktik. Seelze 51997

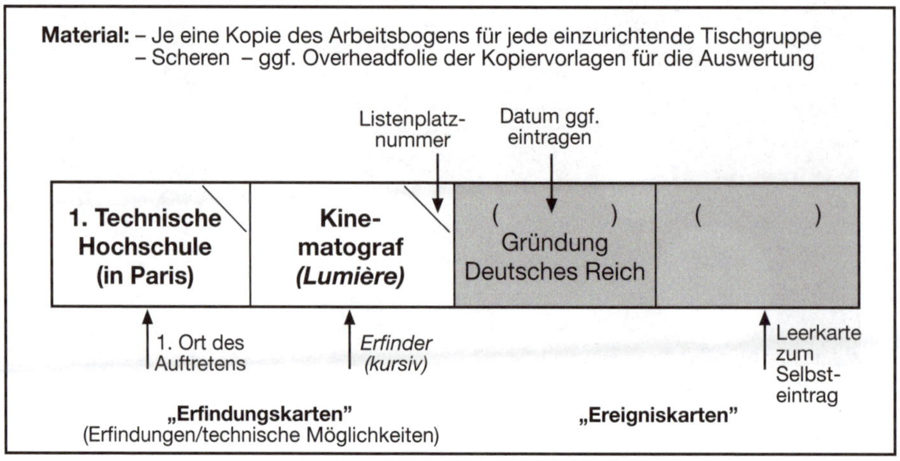

Überblick über die Kartenmöglichkeiten

M | 1 „Alltagstechnik“ – Legekarten

A Erfindungskarten

Fieber-thermometer *(Santorio)*	Fahrrad mit Tretkurbel *(Fischer)*	Fotografie *(Niepce)*	Schwefel-zündholz *(Cooper)*
Moderne Dampfmaschine *(Watt)*	Mikroskop *(Janszen/* Holland)	Radiobetriebe in Deutschland	Heißluftballon *(Montgolfier)*
Taschenuhr *(Henlein)*	Lebensmittel-konservenfabrik (England)	Globus *(Behaim)*	Telefon *(Reis)*
1. Wochen-zeitung (für Deutschland)	1. Rolltreppe (in Paris)	Glühlampe *(Goebel)*	Einführung Metermaßstab (Frankreich)
Benzinmotor *(Daimler/ Maybach)*	Buchdruck *(Gutenberg)*	Impfzwang (in Deutschland)	1. Weltausstellung (in London)
Straßen-Gasbeleuchtung (für Berlin)	1. Segelflug *(Lilienthal)*	1. Technische Hochschule (in Paris)	Kinematograf *(Lumière)*

B Ereigniskarten

( )	( )	( ) Gründung Deutsches Reich	( ) Französische Revolution
( ) Erster Weltkrieg	( ) Märzrevolution	( ) Glorious Revolution	( ) Luthers Thesenanschlag

C Lösungsvorlage

1445 Buchdruck 1	1492 Globus 2	1502/11 Taschenuhr 3	1517 Thesen-anschlag	1590 Mikroskop 4	1609 Wochenzeitung 5
1626 Fieber-thermometer 6	1688 Glorious Revolution	1765 Dampf-maschine 7	1783 Heißluft-ballon 8	1789 Französische Revolution	1794 Technische Hochschule 9
1795 Metermaßstab 10	1811 Konserven-fabrik 11	1816 Fotografie 12	1825 Schwefel-zündholz 13	1826 Straßen-beleuchtung 14	1848 Märzrevolution
1851 Welt-ausstellung 15	1853 Fahrrad mit Tretkurbel 16	1854 Glühlampe 17	1861 Telefon 18	1871 Deutsches Reich	1874 Impfzwang 19
1884 Benzinmotor 20	1891 Segelflug 21	1895 Kinematograf 22	1900 Rolltreppe 23	1914 Erster Weltkrieg	1921 Radio-betrieb 24

Quelle: R. Brieske/Westermann Schulbuchverlag

Die Weimarer Republik im Blick

Vom spielerischen Umgang mit Bildquellen im Geschichtsunterricht

Seit dem 17. Jahrhundert spielen Bilder für das Lernen und Memorieren in der Schule eine zunehmend wichtige Rolle. Mit dem „Vormachen" fing das Lernen schon immer an, mit Zeigen und Benennen begann das, was wir Schule nennen und im Jahre 1658 auch die Didaktik: Im „Orbis pictus" (Die sichtbare Welt in Bildern), dem ersten Schulsachbuch der Geschichte, betonte dessen Autor Comenius: „Ich will dir zeigen alles, ich will dir benennen alles."

Holger Viereck

Damit gab er ein Programm für die Arbeit mit Bildern vor, das seine Gültigkeit in der Schule bis heute nicht eingebüßt hat. Johann Bernhard Basedow entwickelte innerhalb seines Philanthropins („Schule der Menschenfreundschaft") diesen Ansatz unter dem Eindruck der Aufklärung 1774 weiter und steht damit als Stammvater all jener Unterrichtswerke im Geschichtsbuch der Didaktik, die vom Kind her argumentierend, Bilder im Lehrbetrieb einsetzen. Nach Basedow haben Bilder die Aufgabe, die Kenntnis der Gegenstände zu vermitteln, das Gedächtnis zu stützen, heilsame Eindrücke in die Herzen der Betrachter zu pflanzen, und Vergnügen bei den Kindern auszulösen. Für den Geschichtsunterricht lässt sich die Forderung nach Bildern noch deutlicher formulieren. Das gilt vor allem für solche Bilder, die uns als Quellen von Geschehnissen zur Rekonstruktion und Interpretation der Vergangenheit in vielfacher Weise überliefert sind.

Im Folgenden soll zunächst über die Intentionen des spielerischen Einsatzes von Bildquellen im Geschichtsunterricht referiert werden, bevor dann Spielvorschläge, die mit Hilfe der Bildquellen durchgeführt werden können, folgen. Grundlage für alle weiteren Überlegungen bietet eine Bildkartei, die jeweils zueinandergehörende Vierergruppen von Bildern enthält. Thematisch wurde das Thema „Die Weimarer Republik" (Klasse 9) gewählt. Die beliebig ergänz- und veränderbare Bildkartei kann mit unterschiedlichen Intentionen in den folgenden drei Formen während des Geschichtsunterrichts eingesetzt werden: In explorativer, memorierender und illustrierender Weise. Diese drei Intentionen sollen zunächst kurz dargelegt werden, bevor sich dann einzelne Spielvarianten anschließen, die nicht den Anspruch auf Vollständigkeit erheben (hier sind Kreativität und Individualität jeder einzelnen Lerngruppe gefordert und erwünscht!).

Explorativer Einsatz zur Entwicklung von historischen Sinnzusammenhängen

Einzelbildquellen bieten die Chance zur Entwicklung von Sinnzusammenhängen in individuell angepasstem Tempo und haben gegenüber dem im Geschichtsunterricht häufig eingesetzten Medium Film den Vorteil, dass das bewusst ausgesuchte Bild nicht nur konsumiert oder kurzfristig wahrgenommen wird, sondern eine ausführliche Auseinandersetzung zulässt. Dadurch erhält die Einzelbildquelle neben der Text- und Sachquelle eine herausragende Stellung im Geschichtsunterricht und wird in Schulbüchern seit den 1960er Jahren zahlreich angeboten.

Explorativ ist der Einsatz einer solchen Bildkartei immer dann zu nennen, wenn durch die Bilder Verstehens- und Erkenntnisgewinne befördert werden, die geschichtliches Handeln und dessen Hintergründe bei den Schülern nachvollziehbar und transparent machen können. Wichtig bei dieser Intention ist, dass Fotografien, Plakate und Aufrufe nebeneinander angeboten und keine einseitigen Sammlungen von Quellen an die Schüler weitergegeben werden.

Memorierender Einsatz am Ende von Lehrplaneinheiten, zur Vorbereitung auf Klassenarbeiten und Abschlussprüfungen

Bildquellen lassen sich darüber hinaus im Geschichtsunterricht auch hervorragend als Memoriermedien einsetzen. Das Bild bietet hierbei Anlass zur sprachlichen Formulierung von Unterrichtsstoffen anhand von repräsentativen Geschichtsausschnitten. Es bietet die Möglichkeit, verschiedene Themen miteinander zu verbinden, zu vergleichen, voneinander abzugrenzen oder in Längs- und Querschnitten, in Generalisierungen und Differenzierungen Geschichte zu gliedern, zu dehnen oder zu straffen und damit altersangemessen anzugehen.

Illustrierender Einsatz von zu behandelndem oder schondurchgearbeitetem Unterrichtsstoff, etwa in Verbindung mit Quellentexten

Bildquellen sind letztlich auch Medien, die illustrieren können. Illustrationen von historischen Gegebenheiten sind im Geschichtsunterricht in unterschiedlicher Form unabdingbar und bedürfen nicht der ausführlichen Besprechung. Hier sei darauf hingewiesen, dass die im Unterricht häufig einzusetzenden Textquellen sich recht unkompliziert mit Hilfe von Anschauungsmaterial in Form von Bildquellen für Schüler nachvollziehbar machen lassen. Bilder übernehmen im täglichen Unterrichtsgeschehen die unverzichtbare Aufgabe der Zugangserleichterung zu historischen Themen. Anschauung und Auseinandersetzung, Wahrnehmung und Reflexion gehören dabei ebenso unlösbar zusammen, wie dies schon von Comenius und Basedow betont wurde.

Spielvorschläge mit der Bildkartei

Eine Bildkartei lässt sich in mindestens vierfacher Weise einsetzen und methodisch begründen. Dabei ist festzuhalten, dass alle Spielvorschläge zur selbstständigen Durchführung seitens der Schüler in Kleingruppen ausgearbeitet worden sind; damit wird neben allen dargestellten fachlichen Kompetenzen auch die Entwicklung sozial-kommunikativer und methodisch-strategischer Kompetenzen ermöglicht. Einsatzformen und Spielvorschläge sind:

1. Quartettspiel
2. Memorierspiel
3. Bilderstraßen legen
4. Bild-Text-Spiele

1. Quartettspiel

Beim Quartettspiel kommt es für die Schüler darauf an, die zueinander gehörenden Bilder einer thematischen Vierergruppe (Quartett) in der Hand zu sammeln und auf dem Tisch abzulegen.

Im Spielablauf ist folgende Anordnung möglich: Eine Schülergruppe von drei bis vier Teilnehmern findet sich an einem Gruppentisch zusammen und erhält vor dem Spiel so viele durchgemischte Spielkarten, dass pro Spieler acht Karten gerechnet werden. Diese werden nun von den Spielern nach Themengebieten sortiert und dann in der Hand so angeordnet, daß die anderen Mitspieler einzelne Karten ziehen können. Durch eigenes Ziehen bei Mitspielern und das Ablegen der jeweils aufgefüllten Quartette entsteht Dynamik und Spannung im Vollzug des Spiels (es besteht z.B. immer die Gefahr, dass eine unbedingt benötigte Karte von einem anderen Spieler herausgezogen wird!).

Eine andere Spielanordnung ergibt sich, wenn man die jeweils fehlenden Karten eines Themenbereichs bei den Mitspielern abfragt. Hat der Befragte die angeforderte Karte, dann muss er sie dem Frager, der solange weiterfragen kann, bis er keinen Erfolg mehr hat, herausgeben; der zuletzt befragte Schüler darf dann weiterfragen. Fertige Quartette werden jeweils auf dem Gruppentisch abgelegt.

Gewinner des Spiels ist, wer am Ende die meisten Quartette gesammelt hat. Das Spiel kann aber auch dann beendet werden, wenn ein Mitspieler alle seine Karten abgelegt oder abgegeben hat. Wenn die anderen Mitspieler ebenfalls ihre Karten abgelegt haben, geht es darum, die auf den Karten abgebildeten Situationen auszuwerten, d.h. schriftlich kurz zu beschreiben. Die Karten und Quartette, die richtig erklärt wurden, werden doppelt gezählt.

Als weitere Variante zur Erhöhung der Spielfreude kann vor dem Spiel vereinbart werden, dass alle drei Runden eine sogenannte Tauschrunde eingelegt wird, d.h. dass alle Mitspieler die Karten, die sie augenblicklich nicht benötigen, verdeckt auf den Tisch legen und dafür aus den Karten der anderen dieselbe Anzahl wieder an sich nehmen dürfen.

2. Memorierspiel

Um die vorliegende Bildkartei für ein Memorierspiel verwenden zu können, benötigt man aus jeder Bilder-Vierergruppe nur zwei Bildkarten, oder aber die Einzelbildquellen müssen jeweils zweimal angeboten werden. Der Ablauf ist einfach und dennoch mit hohem Spielspaß für vier bis acht Spieler durchführbar.

Am Spielanfang werden die aus mindestens 60 Bilderpaaren bestehenden Spielkarten verdeckt auf dem Tisch gemischt und dann auf der Spielfläche ebenfalls verdeckt nebeneinanderliegend angeordnet. Der erste Spieler deckt zwei Karten auf und zeigt diese allen Mitspielern. Hat er ein Pärchen, also zwei gleiche Karten gefunden, so darf er diese vor sich ablegen und einen erneuten Versuch machen. Hat er zwei ungleiche Bildkarten aufgedeckt, so muss er diese wieder verdeckt an ihren Platz zurücklegen. Das Spiel geht reihum – gewonnen hat am Ende der Spieler mit den meisten Pärchen.

Im Spielablauf selber soll jeder Spieler seinen Mitspielern kurz die auf den aufgedeckten Bildkarten dargestellten Situationen oder Gegebenheiten erläutern. Kann ein Spieler die Bilder nicht erklären, darf dies ein anderer Mitspieler für ihn tun. Die Aufgabe der Spieler besteht darin, sich die Lage möglichst vieler Bildkarten einzuprägen und dann aufzudecken, wenn die zwei zueinander gehörenden Abbildungen bekannt sind, bevor ein anderer Mitspieler dies tun kann.

3. Bilderstraßen legen

Das Bilderstraßenlegen mit Hilfe der Bildkartei kann sich in zweierlei Weisen vollziehen, wobei jedoch explorative wie memorierende Einsatzformen denkbar und hilfreich sind.

Zur Durchführung dieser Spielform kann die Bildkartei in vier große Gruppen von je acht Einzelbildern aufgeteilt werden. Für die einzelnen Spielgruppen besteht das Ziel des Spiels darin, aus den nun erhaltenen Einzelbildern eine Bilderstraße nach zuvor festgelegten Kriterien auf dem Tisch abzulegen. Im Spielverlauf kann sich das folgendermaßen ergeben: Zunächst werden die Karten an vier Mitspieler verteilt und das gemeinsame Ziel der Bilderstraße – etwa eine chronologische Abfolge der dargestellten Ereignisse – festgelegt. Dann einigen sich die Mitspieler auf ein Ausgangsbild und versuchen gemeinsam, die richtige Reihenfolge der Bilder auf dem Gruppentisch zu erstellen. Ist im Verlauf der Spielzeit eine Bilderstraße entstanden, können die Schüler mit Hilfe des Schulbuches oder anderer Hilfsmittel in Form einer Selbstkontrolle ihre Einordnung überprüfen und Fehler sowie strittige Entscheidungen diskutieren und gegebenenfalls revidieren.

Eine Variante zur chronologischen Bilderstraße könnte auch die Gruppierung in thematische Schwerpunkte sein. Auch hier kommt es vor allem auf Selbstständigkeit und sozial-kommunikative Kompetenzen an, die im Verlauf des Spiels neben den fachlichen Erkenntnissen gefördert werden sollen. Bei diesem Spiel tritt durch den selbstständigen Umgang mit dem Schulbuch und anderen Medien auch eine stärkere Betonung des methodisch-strategischen Lernens ein, einer Kompetenz, die im gegenwärtigen Schulbetrieb trotz angestrebter Selbstständigkeit der Schüler noch viel zu selten gefördert wird.

4. Bild-Text-Spiele

Unter dieser Überschrift subsumieren sich eine ganze Reihe von verschiedenen Spielideen, die ebenfalls nur eine Anregung zu weiterer Verwendung sein sollen.

- **Überschriften finden**

Hierbei geht es darum, für die einzelnen Bilder eigene Überschriften zu finden, die näher auf die jeweilige Abbildung eingehen, als das die allgemeine Überschrift auf der Bildkarte leisten kann.

- **Texte im Buch zuordnen**

Die Bilder lassen sich auch Informations- und Quellentexten aus den jeweils eingesetzten Schulbüchern zuordnen. Es kann aber auch eine Zuordnung zu einer vom Lehrer selbst erstellten Gruppe von Texten erfolgen.

- **Bildbefragungen**

Schüler stellen Fragen an einzelne Bilder, die sie noch nicht kennen, und überreichen diese jenen Schülern, die die Antworten in einer arbeitsteiligen Gruppenarbeit schon erarbeitet haben. Dadurch werden Diskussionen und ein gegenseitiges Vorstellen der Bilder seitens der Schüler ermöglicht.

- **Bildvergleich**

Dieser Vergleich verschiedener Bildquellen lässt sich besonders im Falle der Plakate der Bildkartei gewinnbringend durchführen. Politische Ziele, Schlagworte, Abgrenzungen und Kritik an anderen Gruppierungen lassen sich sowohl schriftlich als auch mündlich vorstellen, auslegen und dokumentieren.

- **Bilddiktat**

Hierbei beschreibt ein Schüler ein Bild, das in einer größeren Anzahl von Abbildungen untergemischt ist. Die Mitspieler müssen das beschriebene Bild möglichst schnell identifizieren und in seinen historischen Kontext stellen.

Foto: bpk

Foto: akg-images

Foto: bpk

FRAUEN,
so geht's euch im
»Dritten Reich«!
›Die Frau muß wieder Magd und Dienerin werden‹ sagt der Naziführer Feder. Deshalb ist auch in der Hakenkreuzfraktion keine Frau vertreten.
K.
Eure Antwort:
Kampf den Nazi – –
für die Sozialdemokratie!
Verantwortlich: R. Hauschildt, Berlin · Vorwärts Buchdruckerei, Berlin 1.12.30

Foto: bpk

ARBEITSMATERIAL | Die französische Ruhrbesetzung im Januar 1923 | **COPY**

Nein!
Mich zwingt Ihr nicht!

Deutsch bleibt der Rhein!

Hände weg
von
französischen
und
belgischen
Waren
solange Deutschland
vergewaltigt wird!

BOCHUM — ESSEN
FRENZEL

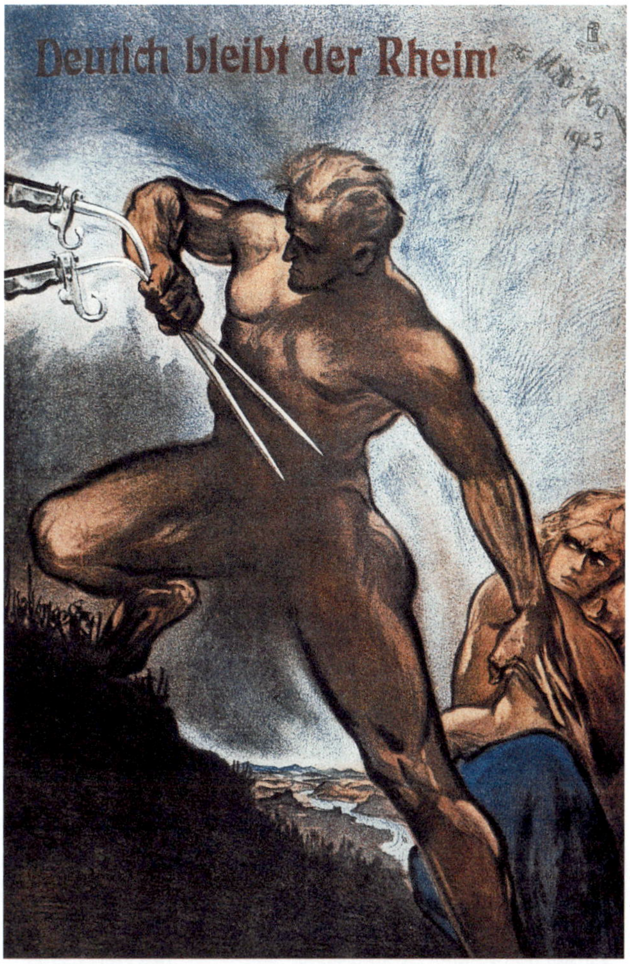

„Ein richtiger Krisenstrudel“

Die Weltwirtschaftskrise von 1929 im Spiel

Die Betrachtung der Weltwirtschaftskrise und der sich daran anschließenden innenpolitischen Zuspitzungen in der Weimarer Republik kann für die Schüler zu einer aktuellen Frage werden. Viele, gerade aus den ehemaligen Ostblockstaaten entstandene Demokratien kämpfen heute mit ähnlichen Problemen wie damals die junge Weimarer Republik.

Ingeborg Schüler

Trotz wirtschaftlicher und politischer Probleme, Krisen und Bedrohungen sowie immer noch vorherrschender althergebrachter Denkschemata versuchte man damals ebenso wie in Osteuropa heute, ein neues politisches System zu verwirklichen. So dient die Geschichte von damals als Verständnisgrundlage für die Ereignisse heute, dienen die Ereignisse heute als Anschauungsunterricht für die Geschichte von damals.

Doch auch auf einer zweiten Ebene werden die krisenhaften Ereignisse der Weimarer Republik zu Beispielen für Ereignisse, die heute auf die Schüler einströmen. Politische Agitation von linken und rechten Parteien, Brandanschläge, Terror und andere vermeintlich politische Druckmittel beeinflussen auch heute das alltägliche Leben. Was wollen die Gruppen/Parteien erreichen? Welche Wirkungen könnte eine solchermaßen verstandene und praktizierte Politik haben? Und wie kann man sich davor schützen?

Das Spiel zur Weltwirtschaftskrise

Ziel

Das Spiel soll den Schülern Zusammenhänge aufzeigen zwischen verschiedenen Ursachen, die sich oft gegenseitig negativ verstärken und zu einem „Krisenstrudel“ führen können. Dazu sollen sie einzelne Ursachen und deren mögliche Folgen benennen können. Im Spiel wird ihnen die Gelegenheit gegeben, diese Ursachen, Bedingungen und Folgen emotional mitzuerleben. Möglichkeiten der politischen Einflussnahme und der eigenen Nutzbarmachung der jeweiligen wirtschaftlichen wie politischen Umstände werden dabei durch selbstständiges Agieren und Probieren ebenso erfahrbar gemacht wie die eigene Ohnmacht angesichts bestimmter Konstellationen.

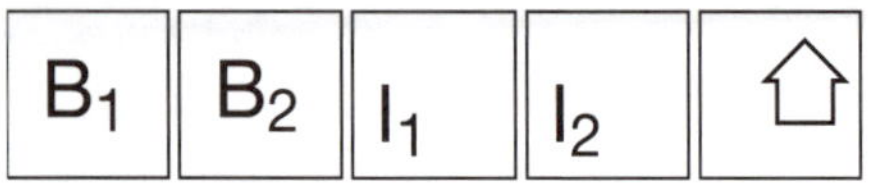

Abb. 1: Symbole

Spielmaterial

- Für diese Stunde sollte ein Tageslichtschreiber zur Verfügung stehen. Ist dies nicht möglich, ginge zur Not auch ein Tafelbild; hier ist aber die Handhabung schwieriger.
- Ein auf Folie gezeichnetes Raster mit 25 Feldern (5 x 5) dient als Spielplan. Jedes Feld steht für eine Landeinheit.
- Auf Folie gezeichnete und dann ausgeschnittene Symbole (**Abb. 1**) werden als Spielsteine verwendet, um zu markieren, welche Gruppe wie viel Land und wie viele Industrien besitzt.
- Folgende Spielgeldscheine (1000 €, 5000 €, 10 000 €, 50 000 D€) und Schuldscheine (10 000 €, 50 000 €) bilden die Spielbank. Es sollten von jedem Schein mindestens 20 zur Verfügung stehen. Gegebenenfalls lässt sich hier auch im Handel erwerbbares Spielgeld verwenden. (Man kann u. U. ganz auf Spielgeld verzichten, wenn ein Buchhaltungssystem an der Tafel oder auf einem zweiten Tageslichtschreiber eingerichtet wird. Dies ist aber für die Schüler zumindest am Anfang schwieriger nachzuvollziehen).
- Die Krisenkarten (**Abb. 2**): Jede Karte wird fünfmal benötigt.
- Außerdem bedarf es mindestens eines Würfels (gut wäre ein großer Schaumstoffwürfel).

Spielüberblick und -verlauf

Die Klasse bildet je zwei **Gruppen** Bauern und Industrielle. Jede Gruppe erhält je nach Berufsstand das entsprechende Anfangskapital:

- Bauern: zwei Landeinheiten
- Industrielle: eine Landeinheit und eine Produktionsstätte

Außerdem erhält jede Gruppe vier verschiedene Krisenkarten. Zu Beginn des Spiels könnte der Plan aussehen wie auf **Abb. 3.**

Spielrunde

Die Spielrunde beginnt, indem der Vertreter der Bank (Lehrer oder vorher eingewiesener Schüler) den **Preis** erwürfelt, der für die Produkte bezahlt wird:

- Bauern: je Augenzahl € 1000
- Industrielle: je Augenzahl € 2000

Eine **Spielrunde** ist beendet, wenn jede Gruppe einmal agieren konnte. In jeder Runde fängt eine andere Gruppe an. Das Spiel ist beendet, wenn vier Runden ge spielt sind.

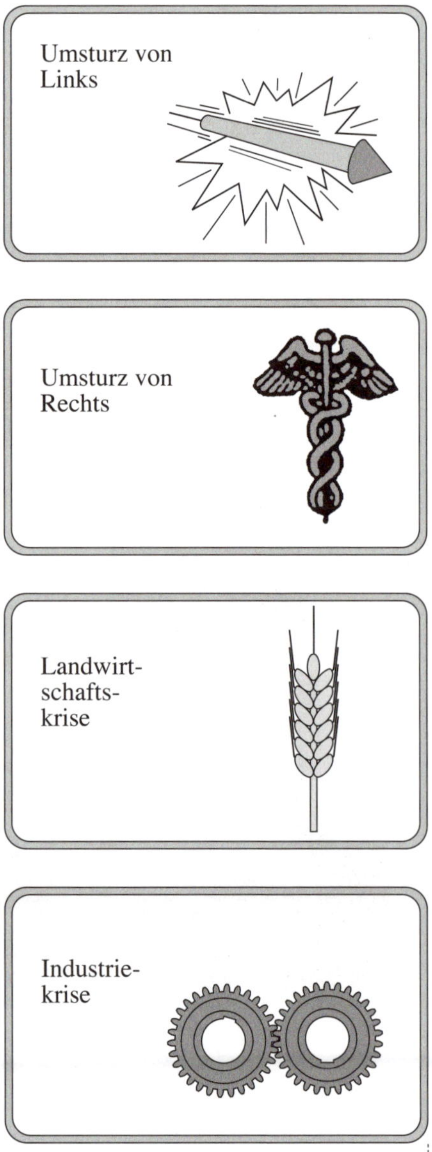

Abb. 2: Krisenkarten

Gewinne

Zu Beginn jeder **Gruppenaktion** werden die **Gewinne** der jeweiligen Gruppen ermittelt. Sie errechnen sich aus der gewürfelten Augenzahl, die die Bankpreise festlegt, und den im eigenen Besitz befindlichen Landeinheiten bzw. Produktionsstätten sowie deren Produktion, die ebenfalls durch Würfeln ermittelt wird (je Würfelzahl eine Tonne):

- Bauer: pro Bank-Würfelzahl € 1000 x Tonnen x Produktionseinheit
- Industrieller: pro Bank-Würfelzahl € 2000 x Tonnen x Produktionseinheit

Der Gewinn wird der Gruppe ausgezahlt (oder gutgeschrieben), und nun kann sie entsprechend neue Landeinheiten erwerben, pachten oder Produktionsstätten bauen. Auch eine Verschuldung ist möglich, pro Runde jedoch nicht mehr als € 50 000. Gegebenenfalls müssen anfallende Zinsen vor dem Neuerwerb beglichen werden.

Preise

- Landeinheit: € 20 000
- Produktionsstätte: € 50 000 (nur eine Produktionsstätte pro Landeinheit)
- Zinsen: 10% je Runde
- Pacht: die Hälfte des Gewinnes der Landeinheit je Runde

(Es empfiehlt sich, zumindest die erste Runde ohne die Möglichkeit der Pacht zu spielen, da sonst die Aktionsmöglichkeiten für die Schüler kaum noch zu überblicken sind.)

Die Krisenkarten

Die Gruppenaktion wird mit der Abgabe einer Krisenkarte eigener Wahl beendet; die fünfte abzugebende Krisenkarte kommt dabei von der Bank.

Bevor eine neue Runde ausgespielt wird, „erschüttert" eine Krise das Wirtschaftsleben. Welche Krise das ist und welche Folgen sich daraus ergeben, richtet sich nach den abgegebenen Krisenkarten. Die Krise, „deren Karte" am häufigsten abgegeben wurde, findet statt. Im Fall einer Dopplung wird die einsetzende Krise ausgewürfelt.

- **Umsturz von Rechts**

= Alle Schulden verfallen

= Der Staat hat öffentliche Aufträge vergeben, so dass alle Verbindlichkeiten (Schulden) bezahlt werden konnten

- **Umsturz von Links**

= Alles Geld und alle Schuldscheine werden gleichmäßig unter die Spielgruppen verteilt

= Das Land der **Bauern** wird gleichmäßig unter den Bauern verteilt

= Das Land der **Industriellen** und ihre Produktionsstätten werden unter ihnen gleichmäßig verteilt

(Für alle Auswirkungen gilt: Nicht-Teilbares wird von der Bank einbehalten.)

- **Agrarüberproduktion**

= Es gelingt den **Bauern** nicht, alle ihre Produkte abzusetzen; sie verlieren die Hälfte ihres Landes und ihres Geldes. Aus dem verbleibenden Land können sie dann Gewinne erwirtschaften. Die Schulden bleiben

= Für die **Industriellen** hat diese Krise keine Auswirkung

- **Industrieüberproduktion**

= Die Produkte der **Industrie** lassen sich nicht verkaufen. Die Firmen verlieren die Hälfte ihrer Produktionsstätten und können in diesem Jahr (dieser Runde) keine Gewinne machen. Ihr Land und ihr Geld dürfen sie behalten, so dass sie trotzdem in dieser Runde agieren können (z. B. Neuerwerb von Produktionsstätten)

= Für die **Bauern** hat diese Krise keine Auswirkung.

Gewinner

Am Ende gewinnt diejenige Gruppe, die das meiste Kapitel angesammelt hat!

Eigene Unterrichtserfahrungen mit diesem Spiel

Während meines Studiums und Vorbereitungsdienstes hatte ich mehrfach die Gelegenheit, mit Schülern das Thema „Weltwirtschaftskrise" zu erarbeiten. Anknüpfend an die Vorkenntnisse entwickelte ich mit ihnen einen Kreislauf sich gegenseitig beeinflussender Faktoren für eine oder **die** Weltwirtschaftskrise. Eigene Beispiele, auch aus der aktuellen Politik, wurden dabei jeweils von den Schülern problemlos erkannt und eingebracht.

Da die Schüler zu Beginn des Spiels die Auswirkungen der einzelnen Krisen auf den Spielverlauf nicht sofort absehen konnten, gestaltete sich der Spielbeginn (beim ersten Durchgang) meist etwas zögerlich. Vor allem jene Gruppe, die die erste Runde (das erste Jahr) eröffnet, tut sich nach meinen Erfahrungen recht schwer. Wenn man die Schüler besser kennt, wäre es sinnvoll, hier eine Gruppe mit einigen entscheidungsfreudigen Schülern beginnen zu lassen. Ab der zweiten Runde waren Ablauf und Entscheidungen kaum noch ein Problem. Im Gegenteil, es entstanden in den Gruppen lebhafte Diskussionen über mögliche Aktionen. Man versuchte, aus den Handlungen der Vorgruppe(n) zu erraten, welche Krisenkarte diese wohl abgegeben haben könnten und wollte seine Entscheidungen darauf abstimmen. Bei einem zweiten Spieldurchgang wurden diese Gespräche und Abwägungen noch intensiver, da jeder von Beginn an Bescheid wusste.

Nach Beendigung des Spiels sprachen die Schüler gern über ihre Überlegungen und Erfahrungen. Dadurch wurde ihnen bewusst, dass sie meist probiert hatten, aus den gegebenen Umständen das für sie jeweils Beste herauszuholen, und dass durch dieses Verhalten der Kreislauf sich gegenseitig bedingender Ursachen nur um so schneller rotierte. Der schon vor dem Spiel an die Tafel skizzierte Ursachenkreislauf wurde zeichnerisch zu einem Strudel erweitert, an dessen unterem Ende die Diktatur steht. Die Schüler begriffen anhand dieser Darstellung schnell, dass man den Strudel möglichst früh stoppen muss, um ein politisches System nicht in eine Diktatur abrutschen zu lassen. Beispiele aus ihrem eigenen Alltag und ihrer Erfahrungswelt zu nennen, fiel den Schülern nicht schwer.

Als ich die Stunde zum ersten Mal hielt, platzte ein Schüler heraus: „Das ist ja ein richtiger ‚Krisenstrudel'". Damit war der Begriff gefallen, mit dem ich die Zusammenhänge veranschaulichen wollte. Ein Arbeitsblatt, in dem die Schüler dann selbst die Ursachen entsprechend dem Spiel weiter untergliedern und den Strudel einzeichnen konnten, rundete die Stunde ab. Wie jeder erfahrene Lehrer sofort erkennen kann, war mein größtes Problem in dieser Stunde der Zeitfaktor. Bei anderen Gelegenheiten konnte ich das Thema in einer Doppelstunde unterrichten. Dies ermöglichte einen zweiten Spieldurchgang und entschärfte den Zeitfaktor. Die Schüleraktivität erhöht sich, wenn auch die Bank von einem oder mehreren Schülern betreut werden kann. Diese müssen vorher eingewiesen werden. Ich gewann den Eindruck, dass die Schüler, mit denen ich dieses Spiel durchgeführt habe, viel Spaß dabei hatten und auch motiviert bei der Sache waren. Die abschließenden Gespräche gaben Rückschluss auf die tiefe innere Beteiligung, und die Beispiele aus ihrer eigenen Erfahrungswelt machten deutlich, dass sie begonnen hatten, das Erlebte, das Erspielte umzusetzen.

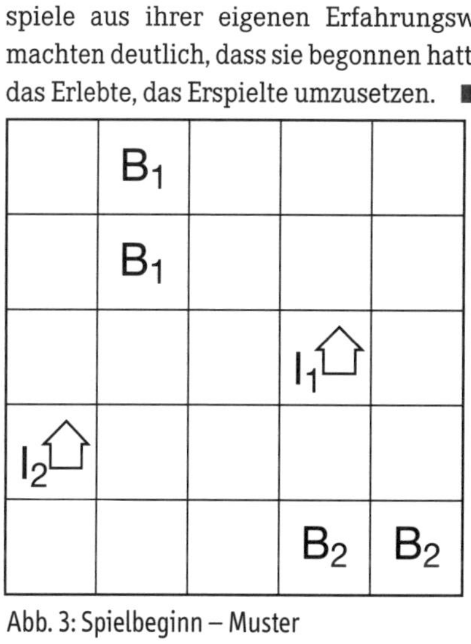

Abb. 3: Spielbeginn – Muster

Historische Quellen

Ein Begriffsspiel

„Wer an der Quelle sitzt, kann aus dem Vollen schöpfen!" Dieses Fazit gilt in besonderem Maße für die Geschichte; denn durch historische Quellen wird die Vergangenheit erhellt. Was aber alles historische Quelle sein kann, muss man sich oft erst bewusst machen. Hier geschieht es durch ein Spiel.

Friedhelm Heitmann

Weil Quellen den unmittelbaren Zugang zur geschichtlichen Vergangenheit öffnen, sollten die Schüler im Unterricht nicht nur mit geschichtlichen Darstellungen, sondern des Öfteren mit diesen Quellen selbst konfrontiert werden. Hierzu gehört auch, ein Bewusstsein dafür zu entwickeln, aus welchen Quellen Nachrichten über Vergangenes geschöpft werden können. Die große Bandbreite historischer Quellen kann in einer Vertretungsstunde überblicksartig vergegenwärtigt werden. Aus dem Überblick können sich später die Beschäftigung sowie Auseinandersetzung mit ausgewählten Quellen ergeben. Vor diesem Hintergrund wurde das vorliegende Spiel „Historische Quellen - ein Begriffsspiel" von mir konzipiert.

● **Spielerzahl:**
Ab 2 Personen, geeignet als Einzel- oder Mannschaftsspiel

● **Spielmaterialien:**
Je Spieler/Team: 1 Spielplan, 1 Schreibstift
Spielleiter (= Lehrer): 1 Lösungsblatt, eventuell Schreibstift und Buchstabenkarten

● **Spielverlauf:**
Jeder Spieler bzw. jedes Team erhält vom neutralen Spielleiter einen Spielplan (siehe **Kopiervorlage**). Je Spielrunde wird vom Spielleiter (oder von einem Spieler) ein Anfangsbuchstabe vorgegeben, so wie bei dem Spiel „Stadt-Land-Fluss". Dann haben die Spieler Begriffe („historische Quellen") gedanklich zu suchen und auf ihrem Spielplan in der entsprechenden Zeile zu notieren - und zwar sachlich richtige Begriffe, die mit dem vorgegebenen Anfangsbuchstaben beginnen. Vorgeschlagen wird, je Spielrunde innerhalb einer festgelegten Zeit (z. B. 3 Minuten) möglichst 5 Begriffe aufzuschreiben. Wer in einer Spielrunde vorzeitig 5 Begriffe gefunden und auf seinem Spielplan schriftlich festgehalten hat, darf das laufende Spiel mit dem Wort „Stop!" unterbrechen. Bei der anschließenden Punktvergabe sollten zur Kontrolle zwischen den Spielern/Teams die Spielpläne vorübergehend ausgetauscht werden.

● **Punktwertung:**
- Jeder richtig notierte Begriff, der von keinem weiteren Spieler/Team aufgeschrieben wurde, wird mit 2 Punkten bewertet.
- Für jeden richtig notierten Begriff, der zumindest auch von einem anderen Spieler/Team aufgeschrieben wurde, erhält der Spieler 1 Punkt.

● **Spielsieg:**
Gewinner wird, wer
- nach einer vereinbarten Spielzeit (z. B. 40 Minuten) die meisten Punkte erzielt hat
- zuerst eine bestimmte Gesamtpunktzahl (z. B. 50 Punkte) erreicht hat oder
- die meisten Punkte hat, wenn 23 Spielrunden durchgeführt worden sind und dabei jeder auf dem Spielplan genannte Anfangsbuchstabe (auf „Q", „X", „Y" wurde aus verständlichen Gründen verzichtet) jeweils in einer Spielrunde behandelt worden ist.

● **Variationen:**
- Innerhalb einer vorgeschriebenen Zeit (zum Beispiel 20 Minuten) müssen die Spieler/Teams auf ihrem Spielplan möglichst zu **allen** vorgegebenen Anfangsbuchstaben maximal jeweils fünf passende Begriffe notieren. Sieger wird, wer schließlich die meisten Punkte errungen hat.
- Das Spiel wird mündlich bestritten, wobei die Spieler/Teams abwechselnd an der Reihe sind. Der Spielleiter gibt jeweils einen Anfangsbuchstaben vor, woraufhin ein Spieler oder Team innerhalb kurzer Zeit (zum Beispiel höchstens eine Minute) mit einem oder mehreren Begriffen (je nach Vereinbarung) mündlich antworten muss.
- Der jeweilige Anfangsbuchstabe wird per selbst hergestellten Buchstabenkarten (eine Karte = ein Buchstabe!) ermittelt. Alle Karten werden gemischt und danach als Stapel auf den Tisch gelegt. Die jeweils obenliegende Karte bestimmt den Anfangsbuchstaben, zu dem Begriffe gefunden werden müssen.

● **Übrigens:**
- Die gefundenen Begriffe lassen sich im Unterricht näher besprechen.
- Die gefundenen Begriffe können zur Herstellung eines eigenen „Quellen-Lexikons" für den Geschichtsunterricht dienen!

LITERATUR

Heitmann, F.: Historix & Co. 30 Geschichtsspiele für Klasse 6–13. Lichtenau [3]1994

Ders.: Die Würfel sind gefallen – Lernspiele Geschichte. Mülheim/Ruhr 1994

Anfangsbuchstabe	Begriffe
A	Akten, Archive, Anekdoten, Annalen, Autobiografien ...
B	Bilder, Briefe, Briefmarken, Bräuche, Burgen ...
C	Chroniken, Chartas, Chansons, Code civil, Comics ...
D	Dokumente, Denkmäler, Dias, Dramen, Dichtungen ...
E	Erzählungen, Einwohnerverzeichnisse, Eisenbahnfahrpläne, Erlasse, Edikte ...
F	Filme, Fahrzeuge, Fabriken, Flugblätter, Felszeichnungen ...
G	Grabsteine, Gebäude, Gedichte, Gesetze, Geld ...
H	Herrschaftsverträge, -zeichen, Heiratsurkunden, Häuser, Handelsgesetzbücher ...
I	Inschriften, Insignien, Idioms, Industrie- und Handelskammer, Interviews ...
J	Jahrbücher, Juwelen, Junktims, Jurisprudenz, Journale ...
K	Kirchen, Karikaturen, Kapitulationen, Knochen, Karten ...
L	Lieder, Legenden, Leichen, Logbücher, Lanzen ...
M	Museen, Maschinen, Monumente, Möbel, Memoiren ...
N	Namen, Nachrichtenmagazine, Numismatik, Novellen, Noten ...
O	Ortsnamen, Opern, Obelisken, Orden, Oldtimer ...
P	Protokolle, Plakate, Programme, Papyrusrollen, Pamphlete ...
R	Ruinen, Rechtsbücher, Radiosendungen, Reden, Rituale ...
S	Sitten, Sagen, Skulpturen, Stammbäume, Siegel ...
T	Tänze, Tagebücher, Testamente, Tonbänder, Titel ...
U	Uniformen, Urnen, Urbanistik, Umgangssprache, Urkunden ...
V	Verse, Verträge, Volkskunst, Vasen, Verfassungen ...
W	Wappen, Waffen, Werkzeuge, Wahlstatistiken, Wahrzeichen ...
Z	Zitate, Zeitungen, Zeitzeugen, Zunftwappen, Zeugnisse ...

Lösungsbeispiele für „Historische Quellen. Ein Begriffsspiel"

„Historische Quellen – ein Begriffsspiel“

Anfangs-buchstabe	Begriffe	Erzielte Punkte

Spielername(n):

Erzielte Gesamtpunktzahl:

„Das hätte auch ich gewusst!"

Das Goldene Geschichtsabzeichen – ein Quiz

Die Einschaltquoten von Spielshows wie „Wer wird Millionär?" und die Verkaufszahlen von Brettspielen à la Trivial Pursuit zeigen die Begeisterung, die von solchen Wettbewerben ausgeht. Diese Begeisterung macht ein Frage- und Antwortspiel natürlich auch für Vertretungsstunden attraktiv.

Alexandra Gotschy-Weithmann und Hubert Roser

Von Vertretungsstunden erhoffen sich die Schülerinnen und Schüler keinen „normalen" Unterricht. Der Vertretungslehrer indes möchte – angesichts der ohnehin knapp bemessenen Zeit – diese Stunde möglichst sinnvoll nutzen. Da bietet sich bereits in Klasse 7 ein historisches Quiz an: Die Schüler vertiefen auf spielerische Weise vorhandenes Wissen, während das Spiel Interesse für den Stoff zu wecken vermag. Jeder in der Klasse fühlt sich motiviert und angesprochen. Um solchen Anforderungen zu genügen, sind für das Geschichtsquiz einige Regeln zu beachten:

- Um für das Fach Geschichte zu motivieren, sollte der spielerische Charakter im Vordergrund stehen und der Wettbewerb nicht zur Prüfung werden. Schüler dürfen auch nicht als „Einzelkämpfer" vor dem Lehrer alleine Rede und Antwort stehen. Deshalb: möglichst gleichermaßen leistungsfähige Teams bilden!
- Ein Geschichtsquiz ist geeignet, vorhandenes Wissen zu vertiefen, kann aber nur begrenzt neue Kenntnisse vermitteln. Deshalb sollten wenigstens zu Beginn des Spiels die Fragen einfach gehalten werden, damit eine große Zahl von Schülern die richtige Antwort ermitteln kann. Zwar entscheidet dann allein die Schnelligkeit über die Punktevergabe, aber viele Schüler haben ein erstes Erfolgserlebnis. Die stille Selbsterkenntnis: „Das hätte auch ich gewusst!" erweist sich bei leistungsschwächeren Schülern als entscheidender Motivationsfaktor.

Spielplan

Zunächst wird ein(e) Spielführer(in) gewählt. Die Klasse wird in zwei oder mehr Rateteams eingeteilt, wobei sich die Teams Namen geben. Diese werden an die Tafel geschrieben, und der Spielführer bekommt eine Kopie der Liste mit den Fragen und Antworten in die Hand.

Es gibt *drei Joker*, die pro Spiel und Team nur einmal gesetzt werden dürfen. Die Joker werden nach Gebrauch – für alle sichtbar – vom Spielführer an der Tafel durchgestrichen:

1. Joker: Der Lehrer stellt dem Spieler (dem Rateteam) als Informationsquelle ein einbändiges *Lexikon* zur Verfügung.
2. Joker: Ein Spieler kann bei einer bestimmten Frage den *Lehrer um Hilfe bitten*. Dieser hat einen „heißen Tipp" parat, ohne die Frage direkt zu beantworten.
3. Joker: Ein Spieler kann eine schwierige *Frage an sein gesamtes Team* weiterleiten, das dann – unter Vorgabe von drei Antwortmöglichkeiten (s.u.) – darüber abstimmt. Das Abstimmungsergebnis dient dem Spieler des Teams als Gedächtnishilfe, kann begreiflicherweise aber auch in die Irre führen.

Der jeweilige Punktestand, die benutzten Joker sowie die Zahl der absolvierten Spielrunden werden nach jeder Fragerunde vom Spielführer an der Tafel aktualisiert. Eine Vertretungsstunde von 45 Minuten reicht erfahrungsgemäß für etwa zwei Spiele à jeweils 10 Spielrunden aus. Am Ende gewinnt das Team mit der höchsten Punktezahl. Als zusätzlichen Anreiz kann der Lehrer eine Urkunde oder einen Preis für die Sieger ausloben.

Spielrunden	IIIII I		
Team 1: „Sansculotten"	Punktezahl	Team 2: „Unheilige Allianz"	Punktezahl
Lexikon	III	~~Lexikon~~	IIIII III
~~Lehrer(in)~~		Lehrer(in)	
Abstimmung in der Klasse		Abstimmung in der Klasse	

Abb. 1: Die Namen der Rateteams (hier „Sansculotten" und „Unheilige Allianz") werden an der Tafel notiert, benutzte Joker durchgestrichen.

Spielverlauf

Der Spielführer liest die erste Frage laut vor. Wer die Antwort weiß, springt auf und klatscht die Hände über dem Kopf zusammen. Ist die Antwort falsch, werden seiner Mannschaft zwei Punkte abgezogen, ist sie richtig, erhält diese zwei Pluspunkte. Weiß keines der Teams auf Anhieb die richtige Antwort, fordern sie eine *Auswahl von Antwortmöglichkeiten* an. Für diesen Fall gibt der Spielführer *drei mögliche Antworten* zu jeder Frage vor. Die richtige Antwort, die auf den Fragekarten unterstrichen ist (siehe *Kopiervorlagen*), wird nun mit einem Pluspunkt, die falsche Antwort mit einem Minuspunkt vergütet.

Spannend wird es, wenn mit zunehmender Spieldauer trotz Vorgaben keines der Teams die richtige Antwort kennt oder ein Team aufgrund seines Punktestandes kein Risiko eingehen möchte. In diesem Fall kann ein Schüler aufspringen und laut „Joker" rufen! Welcher Joker verwendet wird, wird dabei im Team entschieden. Kann die Frage nun mit Hilfe des Jokers gelöst werden, bekommt das eigene Team den Punkt, andernfalls rückt das gegnerische Team entsprechend vor. Ist kein Joker mehr übrig oder kein Team bereit, die Frage zu lösen, liest der Spielführer die richtige Antwort vor und geht zur nächsten Frage über. Auf diese Weise werden der Fortgang des Spiels nicht behindert und eventuelle Wissenslücken elegant ausgefüllt.

1. Römische Frühgeschichte

Nenne das traditionelle Gründungsdatum Roms!

a) 375 v. Chr.
b) 573 v. Chr.
c) 753 v. Chr.

2. Römische Republik

Wer kämpfte im 3. vorchristlichen Jahrhundert erfolgreich gegen den Karthagerfürsten Hannibal?

a) Cäsar
b) Scipio
c) Augustus

3. Ägyptische Hochkultur

Wie nannte sich der oberste Herrscher des ägyptischen Volkes?

a) Marabu
b) Pharao
c) Mumio

4. Zeitgeschichte 1914–1945

Wie nannte man den Zeitraum 1918–1933 in Deutschland?

a) Weimarer Republik
b) Räterepublik
c) Drittes Reich

5. 19. Jahrhundert

Wie heißt der Zeitraum zwischen Wiener Kongress 1815 und der Revolution von 1848?

a) Zeit der Revolutionskriege
b) Nachmärz
c) Vormärz

6. Römische Republik

An welchem Tag wurde Cäsar ermordet?

a) am Tag der Märzgefallenen
b) an den Iden des März
c) am Tag des Fridericus Merz

7. Frühe Hochkulturen

Welcher geographische Faktor war allen frühen Hochkulturen gemeinsam?

a) Zugehörigkeit zu Europa
b) Flusskultur
c) Zugang zu den Weltmeeren

8. Zeit des Absolutismus

Welches Land kämpfte 1775–1783 um seine Unabhängigkeit von England?

a) Schottland
b) USA
c) Irland

9. Germanische Völkerwanderung

Woher kamen die Alemannen?

a) aus der heutigen Schweiz
b) aus Gallien
c) von der Ostsee

10. Europäische Frühgeschichte

Welches Metall benutzte der Mensch erstmals zur Herstellung von Schmuck und Waffen?

a) Eisen
b) Bronze
c) Messing

11. Antikes Rom

Wie lautet der Namen des römischen Kriegsgottes?

a) Mars
b) Merkur
c) Saturn

12. Zeitgeschichte 1945–1990

In welchem Jahr wurde die Berliner Mauer gebaut?

a) 1953
b) 1956
c) 1961

13. Römische Republik

Welcher Feldherr zog 218 v. Chr. mit Elefanten über die Alpen?

a) Nero
b) Herkules
c) Hannibal

14. Europäische Frühgeschichte

Wie heißen die alten germanischen Schriftzeichen?

a) Hieroglyphen
b) Runen
c) Chiffren

15. Frühe Neuzeit

Welcher schwedische König griff in den Dreißigjährigen Krieg ein?

a) Gustav Wasa
b) Karl Gustav
c) Gustav Adolf

16. Deutsches Kaiserreich

Welchen Beinamen hatte Bismarck?

a) der Eherne Kanzler
b) der Deutsche Kanzler
c) der Eiserne Kanzler

17. Französische Revolution

Wer krönte Napoleon Bonaparte zum Kaiser der Franzosen?

a) er (sich) selbst
b) der Papst
c) Ludwig XVI.

18. Antikes Griechenland

Wie bezeichneten sich die alten Griechen selbst? Als

a) Athener
b) Griechen
c) Hellenen

19. Zeitgeschichte 1945–1990:

Wie hieß der erste Kanzler der Bundesrepublik?

a) Helmut Kohl
b) Willy Brandt
c) Konrad Adenauer

20. Zeitalter der Entdeckungen

Welcher portugiesische Seefahrer entdeckte den Seeweg nach Indien?

a) Cristofero Colombo
b) Vasco da Gama
c) Fernando Magellan

21. Zeitgeschichte seit 1990

Was bedeutet die Abkürzung GUS?

a) Gemeinschaft ohne Sozialismus
b) Gemeinschaft unabhängiger Staaten
c) Gemeinschaft und Sozialismus

22. Hochmittelalter

Welcher Papst rief im Jahre 1098 zu den Kreuzzügen nach Jerusalem auf?

a) Urban II.
b) Johannes Paul I.
c) Gregor VII.

23. Zeit des Absolutismus

Welchen Beinamen hatte König Ludwig XIV.?

a) Sternenfürst
b) Mondgraf
c) Sonnenkönig

24. Frühe Neuzeit

Wann begann der Dreißigjährige Krieg?

a) 1618
b) 1628
c) 1648

25. Zeitgeschichte 1945–1990

In welchem Jahr wurde die DDR gegründet?

a) 1948
b) 1949
c) 1950

26. Zeitgeschichte 1945–1990

In welchem Jahr verstarb der sowjetische Diktator Josef Stalin?

a) 1961
b) 1953
c) 1947

27. Frühe Neuzeit

Welches historisches Ereignis verbindet ihr mit dem Jahr 1517?

a) Entdeckung Amerikas
b) Luthers Thesenanschlag
c) Untergang der „Spanischen Armada“

28. Römische Kaiserzeit

Welcher Grenzwall schützte das Römische Reich vor den Germaneneinfällen?

a) die Mauer
b) Hadrianswall
c) Limes

29. Zeitgeschichte 1914–1945

Welche Ereignisse erheben das Jahr 1917 zum Epochenjahr?

a) Untergang Österreich-Ungarns
b) Beginn des Ersten Weltkriegs
c) Oktoberrevolution/Kriegseintritt USA

30. Zeitgeschichte 1945–1990

Welches Ereignis verbindet ihr mit dem 9. November 1989?

a) Fall der Mauer
b) Vereinigung von BRD/DDR
c) Sturz Honeckers

31. 19. Jahrhundert

Welche Friedenskonferenz trat 1815 zusammen?

a) Westfälischer Frieden
b) Wiener Kongress
c) Versailler Frieden

32. 19. Jahrhundert

Welches Gebiet verkaufte Russland 1867 an die USA?

a) Alëuten
b) Alaska
c) Hawaii

33. Zeitgeschichte 1914–1945:

Mit dem Überfall auf welches Land begann 1939 der Zweite Weltkrieg?

a) Tschechoslowakei
b) Polen
c) Litauen

34. Römische Republik

Wie nannten sich die höchsten Beamten einer römischen Provinz?

a) Proprätoren
b) Prokonsuln
c) Protribunen

35. Frühmittelalter

Welches Reitervolk bedrohte im Frühmittelalter das europäische Abendland?

a) Türken
b) Hunnen
c) Mongolen

36. Geschichte Großbritanniens

Welchen Adelstitel führt traditionell der britische Thronfolger?

a) Prince of Wales
b) Prince Charles
c) Prince of India

37. Geschichtliche Grundbegriffe

Welcher Begriff steht für die Wiederherstellung der „alten Ordnung“?

a) Revolution
b) Reorganisation
c) Restauration

38. Geschichtliche Grundbegriffe

Was versteht man unter Absolutismus?

a) Absolute Anarchie
b) Absolute Königsherrschaft
c) Absolute Volksherrschaft

39. Personengeschichte

Welche russische Zarin des 18. Jahrhunderts stammte aus Deutschland?

a) Victoria
b) Katharina
c) Elisabeth

40. Kuriositäten

Mit welcher europäischen Königin war Kaiser Wilhelm II. verwandt?

a) Gunilla von Bismarck
b) Königin Beatrix
c) Queen Victoria

41. Kuriositäten

Die alten Griechen sollen die Stadt Troja 20 Jahre lang wegen einer Frau belagert haben. Wie heißt sie?

a) Cleopatra
b) (Schöne) Helena
c) Evita

42. Kulturgeschichte

Wer ist der Erfinder des Telefons?

a) Werner von Siemens
b) James Watt
c) Alexander Graham Bell

Warum verlassen Menschen ihre Wohnsitze?

Die griechische Kolonisation

Eine Vertretungsstunde zum Thema Migration kann auch eine Gelegenheit bieten, mit Schülerinnen und Schülern gegenwärtige Probleme auf ihre historischen Ursachen zu befragen.

Dirk Lange

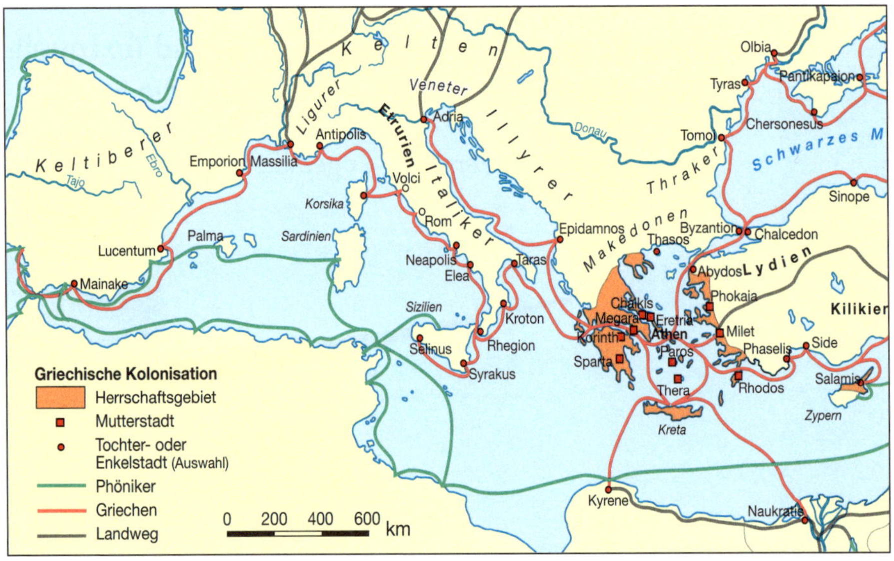

Griechische Kolonisation, etwa 8.–6. Jahrhundert v. Chr.

Quelle: nach Diercke Drei, Universalatlas. Westermann Schulbuchverlag Braunschweig 2001, S. 74

Zwar lassen sich vergangene Problembewältigungen und -bedingungen niemals eins zu eins auf die Gegenwart oder Zukunft übertragen, doch können sie unser Denken und Handeln aspekthaft erweitern. Dieser historisch-politische Zugang zur Gegenwart soll in dieser Stunde beschritten werden, indem die gegenwartsrelevante Fragestellung „Warum verlassen Menschen ihre Wohnsitze?" am Beispiel der griechischen Kolonisation bearbeitet wird.

Diese Problemstellung lässt sich mit dem Instrumentarium der historischen Migrationsforschung bearbeiten. Als Migration lassen sich alle Bewegungen von Menschen begreifen, die den Lebensmittelpunkt verlagern. Der Entscheidung, die Heimat zu verlassen, liegen im Einzelfall viele unterschiedliche Motive zu Grunde, die sich aber auf zwei Hauptmotive zurückführen lassen: Entweder wird versucht, unbefriedigenden Lebensbedingungen zu entkommen, oder es wird beabsichtigt, sich verheißungsvolleren Lebensbedingungen zuzuwenden.

Inhaltlich können die Ursachen von Migration in politische (ungerechte Herrschaftsverhältnisse), soziokulturelle (soziale Ungleichheit, Erosion traditioneller Strukturen), ökonomische (schlechte wirtschaftliche Lage, Hoffnung auf Wohlstand), demografische (rapides Bevölkerungswachstum, sinkende Sterberate) und ökologische (Zerstörung der Umwelt) Faktoren differenziert werden.

DAS THEMA IM UNTERRICHT

Die Zeichnung der Schiffe **M 1** soll den Schülern ermöglichen, sich in eine historische Ausgangslage zu versetzen und selbst zu Auswanderern zu werden. In Partnerarbeit rekonstruieren sie den fiktiven Gesprächsablauf (u.a. Gründe für das Verlassen der Heimat, Erwartungen und Hoffnungen an das neue Land). Bei der Ausarbeitung des Dialogs sollen die Schüler ihre historische Fantasie und Kreativität einsetzen und möglichst frei assoziieren. Zur inhaltlichen Unterstützung können sie auf die Texte **M 2** zurückgreifen, in denen ökologische (**M2.1**), politische (**M 2.2**), ökonomische (**M 2.3**) und demografische (**M 2.4**) Faktoren als Ursachen für die Migrationsentscheidung benannt werden.

Die Analogie der Migrationsursachen ermöglicht es, durch die Beschäftigung mit der antiken Migrationsgeschichte und durch den sozialen Perspektivenwechsel gegenwärtiges Problembewusstsein zu schärfen. Durch Empathie mit Migranten kann Verständnis für deren Beweggründe entwickelt werden.

Griechische Kolonisation

Diese Differenzierung lässt sich auch auf die griechische Auswanderungsbewegung übertragen. Die Hoffnung auf gerechtere Herrschaftsverhältnisse, neue Handelsbeziehungen, Abenteuer- und Entdeckerlust übte auf manche Griechen eine Sogwirkung aus. Oftmals nötigten Schubfaktoren wie Missernten und Armut die Menschen zum Fortgehen. Aus politischer Ungerechtigkeit, ökonomischer Unzufriedenheit und den Folgen des demografischen Wandels resultierten zentrale Motive der griechischen Migranten. Die Siedlungstätigkeit dauerte vom 8. bis in das 6. Jh. v. Chr. und umfasste schließlich das gesamte Mittelmeer- und Schwarzmeergebiet.

Bedenkt man, dass aktuelle Migrationsbewegungen durch die gleichen Ursachenfaktoren wie vor 2600 Jahren bedingt werden, wird deutlich, dass die Antike hier ein überzeitliches Grundphänomen repräsentiert, mit dem die Schüler in ihrem sozialen Umfeld täglich konfrontiert sind.

M | 1 „Die Fünfzigruderer liegen bereit – Aufbruch!

Rekonstruktionszeichnung griechischer Fünfzigruderer (Pentekonteren).
Diese Schiffe waren 25 m lang und 2,5 m breit. Mit 25 Ruderern auf jeder Seite schafften sie rund 130 Kilometer am Tag.

Quelle: Wir machen Geschichte, Bd. 1. Verlag Moritz Diesterweg Frankfurt a. M. 1996, S. 86

AUFGABEN

- Versetzt euch in die Aufbruchsituation von zwei griechischen Auswanderern (M 1). Was werden sie so kurz vor der Abfahrt miteinander gesprochen haben?
- Schreibt einen Ausschnitt des Gesprächs in direkter Rede auf! Benennt dabei:
  - Gründe, weshalb ihr Griechenland verlassen wollt und
  - Erwartungen und Hoffnungen, die ihr mit dem Zielland verbindet.

Die Textausschnitte bringen euch auf Ideen!

M | 2 Warum verlassen die Menschen ihre Wohnsitze?

M 2.1

Der griechische Historiker Herodot (um 490–etwa 425 v. Chr.) zur Lage auf Thera:

„Nun aber blieb sieben Jahre lang der Regen in Thera aus. Während dieser Zeit verdorrten alle Bäume auf der Insel. Auf Anfrage beim Orakel von Delphi erinnerte die Pythia an eine Kolonisation in Nordafrika. Die Theraier bestimmten, dass aus allen sieben Gemeinden der Insel immer je einer von zwei Brüdern um die Auswanderung losen sollte. (...) Mit Fünfzigruderern segelten sie nach Platea, einer Insel vor der afrikanischen Küste."

Quelle: Herodot, Historien IV, S. 150 ff. In: Expedition Geschichte, Bd. 1. Frankfurt a. M. 1997, S. 69 f.

M 2.2

Verhältnisse auf Samos – Darstellung in einem Schulgeschichtsbuch:

„Am Ende des 6. Jhs. v. Chr. verlassen mehrere Hundert Bewohner der griechischen Insel Samos ihre Heimat. Unter ihnen befindet sich Pythagoras. (...) Er wandert mit seiner Frau, seiner Mutter und einem Diener aus, weil er wegen der Herrschaft eines Tyrannen in der Stadt keine Möglichkeit findet, sich zu entfalten. Das Schiff wird ihn nach Kroton (...), einer griechischen Stadt in Süditalien, bringen."

Quelle: Geschichtsbuch 1. Menschen und ihre Geschichte in Darstellungen und Dokumenten. Cornelsen Verlag Berlin 1992, S. 70

M 2.3

Der griechische Philosoph Plutarch (etwa 50–125 v. Chr.) schildert die Situation in Athen um 600 v. Chr.:

„Da nun damals die Ungleichheit zwischen Arm und Reich den Höhepunkt erreichte, befand sich die Polis in einer äußerst kritischen Lage. (...) Das ganze niedere Volk war nämlich den Reichen verschuldet. Entweder bearbeiteten sie das Land für jene und lieferten den Sechsten der Erträge ab (oder sie) dienten dann im Lande als Sklaven oder wurden in die Fremde verkauft. Viele waren auch genötigt, ihre eigenen Kinder zu verkaufen (...) und das Land zu verlassen."

Quelle: Plutarch, Solon 13. In: Geschichte. Dauer und Wandel. Von der Antike bis zum Zeitalter des Absolutismus. Cornelsen Verlag Berlin 1994, S. 42

M 2.4

Alte und neue Siedlung – Darstellung in einem Schulgeschichtsbuch:

„Im Morgengrauen verließen (...) mit Saatgut, Vieh und Hausrat (...) beladene Ruderschiffe den Hafen. (...) An Bord waren (...) 150 Kolonisten – unter ihnen Kyrnos. (Er) war der jüngste Sohn eines Bauern. Und er hatte noch keine Frau und Kinder. So hatte der Vater ihn dazu bestimmt, den Oikos zu verlassen. Der Abschied machte Kyrnos traurig, aber er freute sich auch: In der neuen Siedlung gab es genug Ackerland. Bald wäre er selbst Herr eines Oikos und vielleicht wohlhabender als die Bauern zu Hause."

Quelle: Aufbruch zu neuen Ufern. In: B. Koltrowitz (Hrsg.), Geschichte plus. Verlag Volk und Wissen Berlin 1998, S. 95

Welchen Tag haben wir heute?

Umrechnung moderner in römische Chronologie nach dem Julianischen Kalender

Die einzige römische Datumsbezeichnung, die den Schülern im Unterricht normalerweise begegnet, ist das Todesdatum Caesars an den Iden des März 44 v. Chr.; sonst ist der römische Kalender ein unbekanntes Gebiet. Trotzdem oder gerade deshalb sollte die Chance einer Vertretungsstunde genutzt werden, um diese Wissenslücke zu schließen.

Martin Mattheis

Die auf der Kopiervorlage vorgestellte römische Tagesbestimmung ist von Gaius Julius Caesar während seiner Kalenderreform des Jahres 46 v. Chr. eingeführt worden. Der später nach Caesar benannte „Julianische Kalender" kannte noch keine Einteilung in Wochen. Trotzdem war er der erste, der Tagesdaten verbindlich bestimmte. Die offizielle Einführung der Wocheneinteilung erfolgte erst im 4. Jahrhundert durch Kaiser Konstantin. Vor der Julianischen Kalenderreform existierte im altrömischen Kalender überhaupt keine verbindliche Einteilung des Jahres. Die Monate sollten zwar dem Eintreten des Neumondes folgen, lagen aber oft daneben. Bei einer der nötigen Neuordnungen wurde im Jahre 153 v. Chr. der Jahresbeginn vom 1. März auf den 1. Januar vorverlegt.

Umrechnungen

In der Unterrichtsstunde sollte zunächst die römische Umrechnung des Tagesdatums (M 1) und dann, in einem zweiten Schritt, die römische Jahreszählung (M 2) ab urbe condita behandelt werden. Bei der Tagesbestimmung können die Schüler die angegebenen Beispiele römischer Tagesdaten mit Hilfe der Tabelle M 1 selbst berechnen und mit den Ergebnissen vergleichen (siehe unten Lösungen zu M 3.1). Zum besseren Verständnis sind in der zweiten Spalte der Tabelle die Tagesbezeichnungen für den Monat März komplett eingetragen, so dass zunächst einmal die Tagesbezeichnungen an diesem Beispiel geklärt werden können.

Weitere Beispiele zur Bestimmung römischer Tagesangaben lassen sich leicht finden: das heutige Tagesdatum, der Termin der nächsten Klassenarbeit oder des Ferienbeginns. Die unter M 3.1 in römischer Chronologie angegebenen Daten bieten außerdem die Möglichkeit, die ihnen zugrundeliegenden Ereignisse zu wiederholen.

Da gemäß unserer Zeitrechnung auf das Jahr 1 v. Chr. direkt das Jahr 1 n. Chr. folgt, muss bei der Umrechnung römischer in moderne Jahreszahlen eine Fallunterscheidung durchgeführt werden. Je nach vorhandener Zeit kann man auf die Ausnahmen (Tagesbestimmung im Februar eines Schaltjahres, Datumsumrechnung Ende Dezember) eingehen oder diese unbeachtet lassen. Ein weiterer Impuls kann in der Übertragung der Jahreszählung nach regierenden Konsuln oder den Regierungsjahren römischer Kaiser in die heutige Zeit bestehen – oder umgekehrt: Wir befinden uns im Jahre 9 der Kanzlerschaft Angela Merkels! Die durch die Schüler durchzuführenden Datumsumrechnungen können entweder im Wettbewerb „jeder gegen jeden" oder in Partnerarbeit, bei der sich die Schüler gegenseitig Aufgaben stellen, erfolgen.

a) V. Tag vor den Nonen des Oktober 2743 a. u. c. = 3. Oktober 1990 = **Tag der deutschen Wiedervereinigung**
b) Iden des März 710 a. u. c. = 15. März 44 v. Chr. = **Tag der Ermordung Caesars**
c) Tag vor den Iden des Juli 2542 a. u. c. = 14. Juli 1789 = **Tag des Sturmes auf die Bastille**
d) VIII. Tag vor den Kalenden des Januar 1553 a. u. c. = 25. Dezember 800 = **Tag der Kaiserkrönung Karls des Großen**
e) Iden des Juni 431 a. u. c. = 13. Juni 323 v. Chr. = **Todestag Alexanders des Großen**

Lösungen zu M 3.1 „Bestimme das moderne Datum". Die Abbildung zeigt Teile eines römischen Kalenders aus dem 4. Jahrhundert

Quelle: István Hahn, Sonntage – Mondjahre. Über Kalendersysteme und Zeitrechnung. Urania Verlag 1989, S. 51

Römische Tagesnamen

Iden = in den MOMJUL-Monaten (März, Oktober, Mai, Juli) jeweils der 15. (sonst der 13.) Tag des Monats; sie sollten mit dem Vollmond zusammenfallen. Die Iden hatten als Zahlungstermin für fällige Zinsen und als Kündigungstermin für Darlehen auch eine wirtschaftliche Bedeutung.
Nonen = der neunte Tag vor den Iden, wobei bei der rückläufigen Zählung der Anfangstag mitgezählt wurde. Damit fallen die Nonen in den MOMJUL-Monaten auf den 7., sonst auf den 5. Tag des Monats.
Kalenden = in jedem Monat der erste Monatstag. Kalenden bedeutet eigentlich soviel wie „Ausrufetag", da im altrömischen Kalender an den Kalenden ausgerufen wurde, dass ein neuer Monat begonnen hatte.

Römische Monatsnamen

Januar = dem doppelköpfigen Gott Janus (Gott des Ein- und Ausgangs und damit des Jahresbeginns) geweihter Monat
Februar = Sühnemonat, der letzte Monat des altrömischen Jahres
März = dem Kriegsgott Mars geweihter Monat
April = Monat, der die Blüten öffnet; nach anderer Deutung der Aphrodite geweihter Monat
Mai = dem als Schirmherrn des römischen Staates angesehenen Gott Jupiter Maius geweihter Monat
Juni = der höchsten römischen Göttin Juno geweihter Monat
Juli = Geburtsmonat des Gaius Julius Caesar, um diesen zu ehren; von Quintilis in Julius umbenannt
August = Monat zu Ehren des Augustus (altrömischer Name: Sextilis).
September, Oktober, November, Dezember = im altrömischen Kalender der siebte, achte, neunte und zehnte Monat

LITERATUR

Grotefend, H.: Taschenbuch der Zeitrechnung des deutschen Mittelalters und der Neuzeit. Hannover [12]1982

M | 1 Römische Tagesbestimmung

Römische Tagesbestimmung

Die Tageszählung des römischen Kalenders ist anders aufgebaut als die heutige. Jeder Monat hat drei besondere Tage: die Kalenden, die Nonen und die Iden. Die Kalenden bezeichnen den ersten Tag eines jeden Monats. Die Iden sind in den Monaten März, Oktober, Mai und Juli (MOMJUL) der 15., in den übrigen Monaten der 13. Tag des Monats. Die Nonen liegen 9 Tage vor den Iden. Alle anderen Tage werden mit ihrem Abstand zu dem nächsten dieser drei besonderen Tage bezeichnet. Dabei wird von dem besonderen Tag als erstem Tag rückwärts gezählt. Auf diese Weise entspricht beispielsweise dem 5. März der III. Tag vor den Nonen des März (7. März). Umgekehrt entspricht dem Tag vor den Iden des April der 12. April. Für die Tage nach den Iden wird auf die Kalenden des folgenden Monats Bezug genommen. So entspricht dem 28. März der V. Tag vor den Kalenden des April.

Monats-tag	März, Oktober, Mai, Juli (MOMJUL)	Januar, August, Dezember	April, Juni, September, November	Februar	Monats-tag
1	Kalenden des März	Kalenden	Kalenden	Kalenden	1
2	VI vor Non des März	IV vor Non	IV vor Non	IV vor Non	2
3	V vor Non des März	III vor Non	III vor Non	III vor Non	3
4	IV vor Non des März	Tag vor Non	Tag vor Non	Tag vor Non	4
5	III vor Non des März	Nonen	Nonen	Nonen	5
6	Tag vor Non des März	VIII vor Id	VIII vor Id	VIII vor Id	6
7	Nonen des März	VII vor Id	VII vor Id	VII vor Id	7
8	VIII vor Id des März	VI vor Id	VI vor Id	VI vor Id	8
9	VII vor Id des März	V vor Id	V vor Id	V vor Id	9
10	VI vor Id des März	IV vor Id	IV vor Id	IV vor Id	10
11	V vor Id des März	III vor Id	III vor Id	III vor Id	11
12	IV vor Id des März	Tag vor Id	Tag vor Id	Tag vor Id	12
13	III vor Id des März	Iden	Iden	Iden	13
14	Tag vor Id des März	XIX vor Kal	XVIII vor Kal	XVI vor Kal	14
15	Iden des März	XVIII vor Kal	XVII vor Kal	XV vor Kal	15
16	XVII vor Kal des April	XVII vor Kal	XVI vor Kal	XIV vor Kal	16
17	XVI vor Kal des April	XVI vor Kal	XV vor Kal	XIII vor Kal	17
18	XV vor Kal des April	XV vor Kal	XIV vor Kal	XII vor Kal	18
19	XIV vor Kal des April	XIV vor Kal	XIII vor Kal	XI vor Kal	19
20	XIII vor Kal des April	XIII vor Kal	XII vor Kal	X vor Kal	20
21	XII vor Kal des April	XII vor Kal	XI vor Kal	IX vor Kal	21
22	XI vor Kal des April	XI vor Kal	X vor Kal	VIII vor Kal	22
23	X vor Kal des April	X vor Kal	IX vor Kal	VII vor Kal	23
24	IX vor Kal des April	IX vor Kal	VIII vor Kal	VI vor Kal	24
25	VIII vor Kal des April	VIII vor Kal	VII vor Kal	V vor Kal	25
26	VII vor Kal des April	VII vor Kal	VI vor Kal	IV vor Kal	26
27	VI vor Kal des April	VI vor Kal	V vor Kal	III vor Kal	27
28	V vor Kal des April	V vor Kal	IV vor Kal	Tag vor Kal	28
29	IV vor Kal des April	IV vor Kal	III vor Kal	–	29
30	III vor Kal des April	III vor Kal	Tag vor Kal	–	30
31	Tag vor Kal des April	Tag vor Kal	–	–	31

M | 2 Römische Jahresbestimmung

Die Römer zählten ihre Jahre von der sagenhaften Gründung der Stadt an (ab urbe condita). Diese hat der Sage nach am 21. April 753 v. Chr. durch Romulus und Remus stattgefunden. Bei der Umrechnung unterscheidet man die Jahreszahlen vor und nach Christi Geburt.

Umrechnungsformeln für Jahreszahlen vor Christi Geburt (Jahreszahlen ≤ 753 a. u. c.):

Jahreszahl v. Chr. = 754 − Jahreszahl a. u. c.
Jahreszahl a. u. c. = 754 − Jahreszahl v. Chr.

Umrechnungsformeln für Jahreszahlen nach Christi Geburt (Jahreszahlen ≥ 753 a. u. c.):

Jahreszahl n. Chr. = Jahreszahl a. u. c. − 753
Jahreszahl a. u. c. = 753 + Jahreszahl n. Chr.

Dem Jahr 450 v. Chr. entspricht damit das Jahr 304 a. u. c. und dem Jahr 1298 n. Chr. entspricht das Jahr 2051 a. u. c.

Wichtig: Bei der Umrechnung von Daten, die Ende Dezember liegen, muss man beachten, dass die Jahresangabe sich auf den gemeinten Tag – und nicht auf die Kalenden, von denen aus man rückwärts zählt – bezieht. So entspricht dem IX. Tag vor den Kalenden des Januar 753 a. u. c. der 24. Dezember 753 und nicht etwa 752 a. u. c.!

M | 3 Umrechnungen

M 3.1 Bestimme das moderne Datum:

a) Tag vor den Nonen des Oktober 2743 a. u. c.

b) Iden des März 710 a. u. c.

c) Tag vor den Iden des Juli 2542 a. u. c.

d) VIII. Tag vor den Kalenden des Januar 1553 a. u. c.

e) Iden des Juni 431 a. u. c.

M 3.2 Bestimme das römische Datum:

a) des heutigen Tages

b) deines Geburtstages

c) des Geburtstages deines Lehrers/deiner Lehrerin

Spitäler gestern – Hospitäler heute

Unser heutiges Hospital hat mit dem mittelalterlichen so gut wie nichts gemein. Schüler bringen jedoch beide unweigerlich miteinander in Verbindung. Daraus ergibt sich ein idealer Ansatzpunkt für den Vergleich von mittelalterlichem Weltbild und neuzeitlichem Zeitgeist.

Birgit Weitz

Das mittelalterliche Spital

Das Alltagsleben des vom christlichen Weltbild geprägten mittelalterlichen Menschen war zu einem großen Teil von der Sorge um die Zukunft, die Versorgung im Krankheitsfall und im Alter insbesondere von der Sorge um das Seelenheil bestimmt. Das mittelalterliche Spital bot den Menschen eine Möglichkeit, sich durch Einkauf ins Spital sowohl eine Altersversorgung zu beschaffen, als auch durch Stiftungen Vorsorge für ihr Seelenheil zu treffen. Indem die Stiftungen reicher Bürger mit Bestimmungen versehen wurden, die den armen und kranken Spitaliten zugute kamen, konnte das Spital Fürsorgeaufgaben wahrnehmen. Insofern erfüllte das Spital in der mittelalterlichen Stadt eine wichtige soziale Funktion.

Das mittelalterliche Spital hatte keineswegs die gleichen Aufgaben wie heutige Einrichtungen. Während unsere Krankenhäuser nahezu ausschließlich der medizinischen Betreuung der Kranken dienen, war das mittelalterliche Spital zugleich Ort der Alten-, Armen- und Krankenpflege. Ferner oblag ihm die Betreuung von Reisenden, Pilgern und Waisenkindern. Diese Aufgaben übernehmen heute Einrichtungen wie Altersheim, Krankenhaus, Waisenhaus, Armenhaus, Frauenhaus, Hotel und (Jugend-) Herberge. Der christliche Caritas-Gedanke ist im modernen Krankenhauswesen weitestgehend von der primär medizinischen Versorgung des Patienten verdrängt worden. Hier spiegelt sich der Unterschied zwischen mittelalterlichem und heutigem Weltbild deutlich wider.

Kritisch zu bedenken bleibt sicherlich, ob der Caritas-Gedanke angesichts der Schnelllebigkeit unserer Zeit nicht zu wenig Berücksichtigung erfährt. Seinen Ausdruck findet dieses Problem in der häufig beklagten „Massenabfertigung“ in den Krankenhäusern, wobei für die intensive psychische oder seelsorgerische Betreuung des einzelnen Patienten kaum Zeit bleibt. Doch der Blick sollte über die Situation im Gesundheitswesen hinausgehen. Soziale, politische und wirtschaftliche Verhältnisse sind immer auch Ausdruck der geistigen Befindlichkeit einer Zeit. Das „Abschieben“ alter Familienmitglieder in Alters- bzw. Pflegeheime ist oft sicherlich auch ein Symptom unseres Zeitgeistes.

Vorschläge zur unterrichtlichen Umsetzung

Als Einstieg in die Stunde empfiehlt es sich, die Schüleräußerungen zu dem Bild eines Zisterzienser-Spitals (**M 1**) zu sammeln. Da auf den ersten Blick nicht eindeutig festzustellen ist, ob es sich hier um eine Kirche oder einen (Kranken-)Saal handelt, werden die Schüler bereits dafür sensibilisiert, dass Fürsorgewesen und Krankenpflege im Mittelalter im Vergleich zu heute von anderen Aspekten geleitet wurden.

Das Arbeitsblatt enthält Materialien, die die unterschiedlichen Bereiche des Spitalwesens beleuchten: Der Auszug aus der Benediktsregel (**M 2**) zeigt sowohl die besondere Stellung des Kranken als auch die religiös motivierte Sorge um den Kranken. Anhand der Stiftungsbestimmungen einer reichen Bürgerin (**M 3**) lassen sich Aufgaben, Finanzierung und Insassen eines Spitals erarbeiten, gleichzeitig geben sie Einblick in die dort herrschenden Lebensverhältnisse.

Letztere werden in **M 4** bildlich veranschaulicht. Der Holzschnitt zeigt nicht nur das alltägliche Leben im Spital (seelsorgerische Betreuung, ärztliche Versorgung), sondern auch das Verhältnis des mittelalterlichen Menschen zum Tod (Nebeneinander von Lebenden und Toten). Hier ist allerdings für die Schüler der Hinweis notwendig, dass es sich offensichtlich um wohlhabende Kranke handelt (eigenes Bett, Bettzeug, Kranke tragen ein Gewand). Auch war die

Krankentreffen in Maastricht, April 1964

Foto: Wolfgang Bickel

ärztliche Versorgung im allgemeinen keinesfalls gewährleistet. Ein Leserbrief (**M 5**) zeigt im Anschluss, wie wenig bedeutsam heute mitunter die Sorge um das seelische Wohl der Alten und Kranken ist.

Die Materialien können im Unterricht mit arbeitsteiligen Fragestellungen eingesetzt werden, zum Beispiel:

1. Aus welchem Grund kümmerte man sich im Mittelalter um kranke Menschen? Welches Verhältnis hatte man zum Kranken?
2. Wer lebte im Spital? Und: Wie lebte man im Spital?
3. Wie wurde ein Spital finanziert?

Insbesondere die in den Fragen 1 und 2 angesprochenen Aspekte des mittelalterlichen Spitalwesens bieten Anknüpfungspunkte für den Vergleich zwischen einem mittelalterlichen Spital und einem heutigen Hospital, der wiederum zu einem Vergleich zwischen mittelalterlichem und heutigem Weltbild erweitert werden sollte. Es empfiehlt sich, den Leserbrief als Einstiegsimpuls für eine Diskussion um „Spital – Hospital“ zu nutzen.

LITERATUR

Kühnel, H. (Hrsg.): Alltag im Spätmittelalter. Graz [2]1985

Lienert, E.-M. und W.: Wohin mit Meister Laubenhard? Die sozialen Aufgaben der Kirche in der mittelalterlichen Stadt. In: Praxis Geschichte H. 2/1994, S. 26–30

Murken, A. H.: Von den ersten Hospitälern bis zum modernen Krankenhaus. Geschichte der Medizin und ihrer Institutionen vom frühen Mittelalter bis zur Neuzeit unter besonderer Berücksichtigung Niedersachsens. In: Stadt im Wandel, Bd. 4. Landesausstellung Niedersachsen. Stuttgart 1985, S. 189–222

M | 1 Zisterzienser-Spital

Darstellung um 1600

Quelle: H. Kühnel, Alltag im Spätmittelalter. Graz ^{2}1985, S. 145/ Stiftssammlung Zwettl, Niederösterreich

M | 2 Benedikt-Regel (Kap. 36)

Von den kranken Brüdern

„Um die Kranken soll man vor allem und über alles besorgt sein. Man diene ihnen so, wie wenn man wirklich Christus dienen würde; er selbst hat ja gesagt: ‚Ich war krank, und ihr habt mich besucht.' Und: ‚Was ihr einem dieser Geringsten getan habt, das habt ihr mir getan.'

Die Kranken ihrerseits sollen bedenken, dass man ihnen aus Liebe zu Gott dient. Sie sollen auch nicht durch übermäßige Forderungen die Brüder, die sie bedienen, unwillig machen. Aber auch solche Kranke sind geduldig zu ertragen, da sich an ihnen ein reichlicherer Lohn verdienen lässt. Es sei also die wichtigste Sorge für den Abt, dass die Kranken in keiner Weise vernachlässigt werden. Man weise den kranken Brüdern eine eigene Zelle und einen gottesfürchtigen, eifrigen und besorgten Wärter zu."

Quelle : H. U. von Balthasar (Hrsg.), Die großen Ordensregeln. Zürich/Köln $_{2}$1961, S. 225 f.

M | 3 Die Stiftung einer reichen Bürgerin

„Anna Straisserin stiftet, um ihres, ihres Vaters, ihrer Mutter, ihres verstorbenen Mannes, ihres Sohnes und aller Nachkommen Seelenheils willen 2000 Pfund Heller der Währung und Münze zu Gmünd zu einem Almosen der acht Ärmsten, Elendsten und Kränkesten im Spital. Mit der Stiftung sind folgende Bestimmungen verbunden:

a) Die Stifterin und ihr Sohn Melchior haben, so lange sie leben, das Recht, acht Personen aus der vorderen Siechstube, die als die ärmsten und kränkesten gelten, ...auszuwählen...

b) Mit 100 Gulden und aus eigenen Mitteln des Spitals wird an der Stelle der alten Pfisterei eine besondere Behausung für diese acht Personen gebaut...

c) Die acht Kranken bleiben im Genuss ihrer bisherigen Pfründe und bekommen dazu täglich jeder 1/4 Maß Wein [etwa ein halber Liter], ausgenommen in der Fastenzeit, wo sie als Pfründner ohnedies Wein bekommen. Ferner erhalten sie alle zusammen wöchentlich 50 Eier, weiter alle Sonntage vier Pfund Kalbfleisch zum Braten und jährlich 50 Pfund Unschlitt für Lichter. Schließlich hält das Spital für sie eine Magd, die nur sie allein bedienen und warten darf.

d) Die Magd, welche die Kranken bedient, soll sie auch pflegen und sauber halten... Falls die Magd eine Hilfe braucht, so müssen ihr die übrigen Pfründner helfen, wie es seit jeher im Spital Herkommen und Gewohnheit ist.

e) Die Spitalsverwaltung verpflichtet sich, für jede Bettstatt drei Paar Leintücher, eine Decke und anderes Zubehör zur Verfügung zu stellen."

Quelle: E.-M. und W. Lienert, Wohin mit Meister Laubenhard? In: Praxis Geschichte H. 2/1994, S. 30

Begriffserklärungen:

Pfisterei: Bäckerei eines Klosters oder Spitals
(Reichen-)Pfründe: ein erkaufter Platz im Spital
Sieche: Kranke
Siechstube: Zimmer für (ansteckend) Kranke
Spitaliten: Insassen eines Spitals
Unschlitt: Wachs

M | 4 Blick in ein mittelalterliches Spital

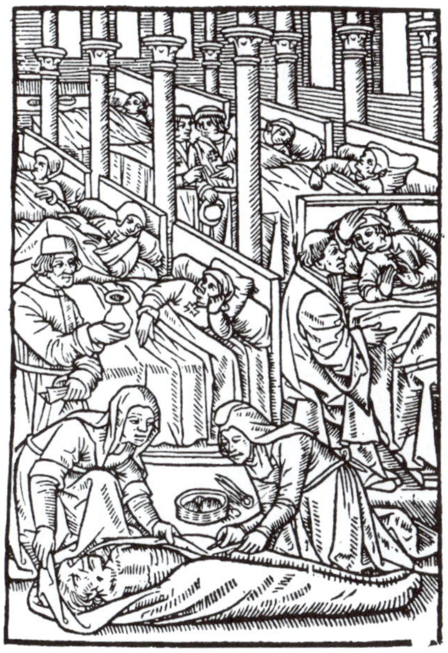

Holzschnitt um 1500

Foto: bpk

M | 5 „Satt-und-sauber-Pflege"

Reaktion einer Leserin auf einen Artikel über die „Zukunft der Pflege":

„Seit der Einführung der Pflegeversicherung steht die Grundpflege im Mittelpunkt und wird lediglich ergänzt durch die hauswirtschaftliche Versorgung. Jeder Ansatz von ganzheitlicher Pflege, von Teilnahme am gesellschaftlichen Leben und sozialer Integration wird vollständig missachtet. Es zählt nur noch die Satt-und-sauber-Pflege.

Zehn Jahre arbeitete ich als examinierte Altenpflegerin und habe die Satt-und-sauber-Pflege kennengelernt. Jahrelang erhoffte ich mir eine Änderung bezüglich dieser menschenunwürdigen Problematik. Nichts änderte sich. Außer dass ich selbst durch die Akkordwaschungen am Menschen gesundheitliche Einbußen davontragen musste. Die Berufsgenossenschaft finanzierte mir eine einjährige Vollzeitweiterbildung zur Altentherapeutin.

Heute, sechs Monate nach meiner Ausbildung, bin ich arbeitslos. Ehrenamtlich kann man den Beruf der Altentherapeutin in jeder Einrichtung ausüben, aber niemand ist bereit, fachspezifisch ausgebildete Altentherapeutinnen zu honorieren.

Körper, Seele und Geist sind eine Einheit. Dieser Satz wurde während meiner Ausbildung großgeschrieben. Ich denke, in Bonn sitzen einige Hundert leblose Hüllen, die irgendwelche Gesetze machen und die Menschenwürde dabei vergessen."

Quelle: Leserbrief in „Altenpflege", 7/96, S. 444

Strafrecht im Übergang zur Neuzeit

Sühne, Spezial- und Generalprävention

Strafe war und ist immer ein Akt der Sühne. An die Stelle des physischen Schmerzes in der mittelalterlichen Strafpraxis tritt heute die seelische Belastung des Freiheitsentzuges. Indem früher das Verbrechen am Körper des Verurteilten gespiegelt wurde, soll der Delinquent – ganz im Sinne der modernen Vorstellung von Spezialprävention – künftig von Verbrechen abgehalten werden. Heute tritt der Versuch, den Täter zu erziehen – die Resozialisierung – neben die Bestrafung.

Georg Mondwurf

Bis in die Neuzeit hinein wurde das Verbrechen durch gravierende Strafen wie Rädern oder Abschlagen der Hände häufig an Grausamkeit noch überboten und verlieh so der verantwortlichen Instanz Kompensation, Triumph und Festigung der eigenen Macht. Daher war die Partizipation des Volkes auch von machtpolitischer Bedeutung. Hier zeigt sich der spätere Gedanke der Generalprävention: Der öffentliche Vollzug sollte die Bevölkerung vor neuen Straftaten abschrecken. Heute entfällt zwar in den meisten westlichen Ländern die direkte und unmittelbare Partizipation der Öffentlichkeit am Strafvollzug. Die Information hierüber erfolgt über die Berichterstattung der Massenmedien.

Die verbreitete Auffassung über Strafen im Mittelalter mag dazu verleiten, pauschal von einer grausamen Epoche zu sprechen, doch muss differenziert werden. Häufig richtete sich diese Grausamkeit gegen Menschen aus unterprivilegierten Schichten: Bis ins Hochmittelalter konnte sogar die Todesstrafe finanziell abgelöst werden und traf eher Unfreie, Wanderer oder Bettler. Auch muss der körperliche Schmerz als wichtiges Element der Strafe vor dem Weltbild verstanden werden: Schmerzen konnten zur seelischen Reinigung und Prüfung des Glaubens dienen. Eine besonders qualvolle Behandlung durch den Scharfrichter geschah zuweilen auf ausdrücklichen Wunsch des Delinquenten.

Für den Umbruch zum modernen Strafvollzug lassen sich viele Ursachen ausmachen: der Wandel religiöser Vorstellungen, die Säkularisierung, Humanisierung und Ökonomisierung des gesellschaftlichen Lebens und – damit zusammenhängend – auch des menschlichen Körpers. Von einer Kontroverse französischer Denker vorbereitet, führte der aufgeklärte Absolutismus umfangreiche Reformen durch.

DAS THEMA IM UNTERRICHT

Unterrichtshinweise

Jeder Mensch muss sich mit Institutionen auseinandersetzen, die bereit sind, einen Verstoß gegen die in ihr geltenden Regeln zu ahnden. Gleichzeitig haben diese Institutionen den Auftrag, die Betroffenen zu einer aktiven Auseinandersetzung mit ihren Mechanismen anzuhalten. In der Schule kann dies sicherlich auf einer organisatorisch-administrativen Ebene geschehen – beispielsweise im Schülerbeirat oder in der Schulkonferenz. Aber auch im Unterricht können Orientierungshilfen bereitgestellt werden, die den Schülerinnen und Schülern verdeutlichen, dass menschliche Erkenntnis- und Entscheidungsprozesse hinter einer zuweilen als restriktiv empfundenen Gegenwart stehen. Das angebotene Material soll die mittelalterliche Strafpraxis verständlicher machen. Es fordert am konkreten Beispiel auf, über Kontinuitäten und Diskontinuitäten nachzudenken und nach den Ursachen zu fragen.

Im Zentrum der Stunde steht ein fiktiver Antrag zur Reform der mittelalterlichen Strafen. Die Schüler sollen die historische Entwicklung gebündelt simulieren. Um Konzentration und Interesse für das Thema zu wecken, beginnt die Stunde mit der Betrachtung eines fiktiven Falles M 1 und der herkömmlichen Art der Bestrafung M 3. Anhand von M 4 – M 5 sollen die Schüler dann eine Pro- und Kontra-Diskussion um die Reformen vorbereiten und durchführen. Eine Modifikation entsprechend ihren Voraussetzungen ist ratsam. Bei älteren Schülern könnten die Argumente unter Umständen entfallen. Die Schüler diskutieren zunächst aus der Sicht ihres Rollenpapiers; gegebenenfalls kann im Anschluss frei argumentiert werden. In einem Tafelbild (s. u.) werden die Ergebnisse festgehalten und später neu problematisiert (Frage der Resozialisierung, Menschenrechte usw.).

Was muss eine Strafe leisten?	Lösung 1: MITTELALTER	Lösung 2: NEUZEIT (Reformvorschlag)
Sie soll **Sühne** (Vergeltung) sein und Schmerzen bereiten!	Schmerzhafte Körperstrafen (u. U. Todesstrafe)	Freiheitsentzug (u. U. langjährig) bereitet psychische Schmerzen
Sie soll den Verbrecher in Zukunft an einer neuen Tat hindern! (Spezialprävention)	Der Täter wird verstümmelt, was ihn von neuen Verbrechen abhalten soll (spiegelnde Strafen)	Der Täter soll im Gefängnis zur Besserung erzogen werden (Resozialisierung)
Sie soll die Bevölkerung abschrecken eine solche Tat zu begehen (Generalprävention)	Vollzug der Strafe auf dem Marktplatz unter Anwesenheit der Bevölkerung	Bevölkerung erfährt über Medien von dem Strafmaß

M | 1 Der Fall

Ein Bauer wurde auf dem Markt dabei ertappt, als er von einem Wechslertisch einen Gulden stehlen wollte. Er beteuerte gegenüber dem Gerichtsbüttel, dass er auf dem Markt nichts verkauft hatte, aber dringend Geld brauchte, um für sein krankes Kind beim Apotheker eine sehr teure Medizin zu kaufen. Da er keine Brandmarkung und keine Verstümmelung aufweist, muss angenommen werden, dass die Tat kein Wiederholungsfall ist.

M | 2 Blick in die Gerichtsstube

Kupferstich 18. Jahrhundert Foto: Privatarchiv

M | 3 Vergehen und Strafe

Großer und Kleiner Diebstahl

Als Wertgrenze zwischen Großem und Kleinem Diebstahl gelten fünf Gulden. Zum Großen Diebstahl zählen Vieh- und Getreidediebstahl sowie Diebstahl bei Nacht, aus Kirchen, Schmieden und Mühlen. Auf Großen Diebstahl stehen Blendung, Abhauen der Hand und Strang. Kleiner Diebstahl wird mit Prügel, Ohren- oder Daumenabschneiden, Brandmarken, Prangerstehen, Landesverweisung bestraft. Die Strafen können von Fall zu Fall durch Geldbuße abgelöst werden. Bei Rückfall wird auch der Kleine Diebstahl am Leben gestraft.

M | 4 Antrag auf Reform der Strafen

Stellt euch vor, ihr seid im Jahr 1756 und gehört zu einer Expertenkommission, die ihren König in wichtigen Rechtsfragen beraten soll. Eine einflussreiche Person ist auf den bevorstehenden Prozess gegen den Bauern aufmerksam geworden. Sie hat an euch den Antrag gestellt, endlich beim König eine Reform der noch immer geltenden mittelalterlichen Strafen zu erwirken. Die Körperstrafen sollen durch Gefängnis ersetzt werden – bei leichten Vergehen durch Gefängnis oder Bußgelder.

IHR SEID FÜR DEN ANTRAG.

DENN: Eine Strafe soll immer Sühne der Tat sein und Schmerzen bereiten. Auch das Gefängnis ist eine schwere Strafe und würde dem Bauern sicherlich seelische Schmerzen bereiten. Eine Strafe soll den Täter in Zukunft von einer weiteren Tat abhalten. Die Gefängnisstrafe hat den Vorteil, dass man dort zur Besserung erzieht, um eine neue Tat zu verhindern. Würde der Bauer seine Hand verlieren, wäre er fürs Leben gezeichnet. Er könnte nicht mehr arbeiten und käme automatisch auf die „schiefe Bahn". Noch schlimmer ist es, wenn solche Strafen an Personen vollstreckt werden, deren Unschuld sich später erweist; spiegelnde Strafen lassen sich kaum wiedergutmachen.

Eine Strafe soll die Bevölkerung abschrecken, eine solche Tat zu begehen. Auf Umwegen erfährt sie auch von der Gefängnisstrafe. Werden schwere Strafen vor der Bevölkerung vollzogen, kann es zu Aufständen kommen, wenn sie das Urteil ungerecht findet. Viele Menschen glauben nicht mehr an einen strafenden Gott, von dem man das Seelenheil nur erwarten darf, wenn man die Prüfung irdischer Schmerzen auf sich nimmt. Wenn wir heute an einen barmherzigen Gott glauben, dann müssen auch die Strafen barmherzig werden! Sicherlich haben reiche Personen einen Vorteil, wenn sie sich von einer Freiheitsstrafe freikaufen können. Die Bußgelder können diesen finanziellen Verlust auffangen!

M | 5 Antrag auf Reform der Strafen

Stellt euch vor, ihr seid im Jahr 1756 und gehört zu einer Expertenkommission, die ihren König in wichtigen Rechtsfragen beraten soll. Eine einflussreiche Person ist auf den bevorstehenden Prozess gegen den Bauern aufmerksam geworden. Sie hat an euch den Antrag gestellt, endlich beim König eine Reform der noch immer geltenden mittelalterlichen Strafen zu erwirken. Die Körperstrafen sollen durch Gefängnis ersetzt werden – bei leichten Vergehen durch Gefängnis oder Bußgelder.

IHR SEID GEGEN DEN ANTRAG.

DENN: Eine Strafe soll immer Sühne der Tat sein und Schmerzen bereiten. Das kann bei dem Bauern nur durch eine körperliche Strafe geschehen. Die vorgesehene Strafe ist gerecht, weil sie das Verbrechen spiegelt.

Die Strafe soll den Täter in Zukunft von einer neuen Tat abhalten. Sicherlich ist es schrecklich, wenn er die Hand verliert. Aber er muss zum Schutz der Allgemeinheit von weiteren Diebstählen abgehalten werden. Wo kämen wir hin?

Die Strafe soll die Bevölkerung abschrecken, eine solche Tat zu begehen. Der Strafvollzug auf dem Marktplatz und die Schmerzen des Bauern werden der Öffentlichkeit zeigen, dass sich Diebstahl nicht lohnt.

Der Bau von Gefängnissen müsste bei der Bewilligung einer solchen Reform intensiviert werden; dies ist viel zu teuer. Außerdem braucht man noch mehr teures Wachpersonal als bisher. Verbrecher werden nach dem Tod in der Hölle bestraft. Durch körperliche Strafen haben sie die einmalige Chance, schon hier ihre Schuld zu begleichen und später doch noch das Seelenheil zu erlangen.

Würde man anstatt körperlicher Strafen Bußgelder einführen, wären wiederum die Reichen im Vorteil. Eine körperliche Strafe ist für alle Menschen gleich schmerzhaft.

Die „deutsche Schreibschrift“ – kein Problem

Ähnlich dem Streit um die Reform der Rechtschreibung hat es seit Ende des 19. Jahrhunderts eine Kontroverse um die beiden im deutschen Sprachraum mindestens 250 Jahre nebeneinander existierenden Schrifttypen gegeben. Sie wurde besonders in den Jahren der Weimarer Republik mit großem Elan geführt und letztlich von Hitler persönlich zugunsten der „lateinischen“ Schrift entschieden.

Waldemar Grosch

Das Problem

Die 1941 getroffene Entscheidung für die „deutsche Normalschrift“ gegen die „deutsche Schreibschrift“ hatte zur Folge, dass wir Texte in der „alten“ Schrift nicht oder nur noch bedingt lesen können. Zwar sind entsprechende Fertigkeiten nur noch für Fachleute unverzichtbar, aber auch für Schülerinnen und Schüler ist es interessant, Briefe oder Tagebücher ihrer Urgroßeltern lesen zu können.

Entwicklung der Schriften

Zur Zeit **Gutenbergs** galten die „gebrochenen“ Druckschriften mit ihren vielen Ecken und Kanten sowie ihrer Betonung der Vertikalen als besonders ästhetisch. Die italienischen Humanisten sahen darin jedoch eine „gotische Entartung“ und forderten die Rückbesinnung auf die wertvollere „lateinische Schrift“. Irrtümlich hielten sie die Buchstaben in den überlieferten Texten der antiken Autoren für die der alten Römer, tatsächlich handelte es sich hier jedoch um die „karolingischen Minuskeln“. Aus ihnen entwickelte sich die gerundete „Antiqua“-Schrift, die sich in ganz Europa rasch verbreitete, weshalb ihre Schreibversion als „Normalschrift“ bezeichnet wird.

Nur wenige Länder hielten an den gebrochenen Schriften fest: In Deutschland entstand um 1480 aus der „gotischen“ Schrift die für die Drucke der Reformationszeit typische „Schwabacher“. Aus zwei weiteren Systemen, der 1517 im „Teuerdank“ verwendeten und von **Maximilian I.** eingeführten „Bastarda“ sowie der „Dürer-Fraktur“ entwickelte man im 16. Jahrhundert die oft irrig als „gotisch“ bezeichnete „Fraktur“ mit den charakteristischen „Elefantenrüsseln“ ihrer Großbuchstaben. Dieser Fraktur entsprach die „deutsche Schreibschrift“.

Die Situation um 1900

Beide Schriften wurden nebeneinander verwendet, wobei oft Fremdwörter und Eigennamen in Normalschrift geschrieben wurden.

Die in Deutschland gebräuchlichen Schreibschriften wurden um 1911 im Auftrag des preußischen Kultusministeriums von dem Berliner Grafiker **Ludwig Sütterlin** neu gestaltet (siehe **Abb.** unten). 1934 wurden die aus der Sütterlin-Schrift weiterentwickelten Schreibschriften an allen deutschen Schulen eingeführt. Bis dahin war als „deutsche Schreibschrift“ die Kurrentschrift verbreitet (**M 1**).

Da sich beide „deutschen Schriften“ (Fraktur im Druck, Kurrent- oder Sütterlin-Version in der Handschrift) stark von den im benachbarten Ausland üblichen Schriften unterschieden, hielten viele eine Anpassung für sinnvoll. Die Entscheidung wurde von **Hitler** 1941 durch einen seiner „Führer-Erlasse“ herbeigeführt. In dem Glauben, Europa unter ihre Kontrolle gebracht zu haben, wollten die Nationalsozialisten eine Schrift verwenden, die überall in ihrem Machtbereich problemlos gelesen werden konnte. Es ist also abwegig, die „deutsche Schreibschrift“ als typisch für das „Dritte Reich“ anzusehen.

DAS THEMA IM UNTERRICHT

In einer einzigen Unterrichtsstunde wird es nicht gelingen, eine wirkliche Lese- und Schreibfähigkeit in einem der alten Schriftsysteme zu erlangen. Aber eine Stunde kann helfen, Schwellenängste abzubauen, und zu der Erkenntnis führen, dass Umgang (Text entziffern) und Einsatz (eigene Texte verfassen) gar nicht so schwierig sind. Dies soll auf spielerische Weise geschehen. Mit Hilfe der Übersicht **M 1** können die Schülerinnen und Schüler je nach Alter alle denkbaren Schreibspiele ausprobieren:

- in einem ersten Schritt den eigenen Namen schreiben (M 2);
- Begriffe an die Tafel schreiben, die von anderen gelesen werden sollen, wobei Wettkampfelemente („Galgenmännchen“) eingebracht werden können;
- das Kochrezept (M 3) lesen und dann eigene in der Schrift verfassen;
- längere Texte verfassen, z.B. in Form eines fiktiven Briefes „aus der Zeit“ (eventuell Hausaufgabe?);
- Schüler auch ermuntern, künftig Kassiber in dieser für (die meisten) Lehrer unlesbaren „Geheimschrift“ zu schreiben.

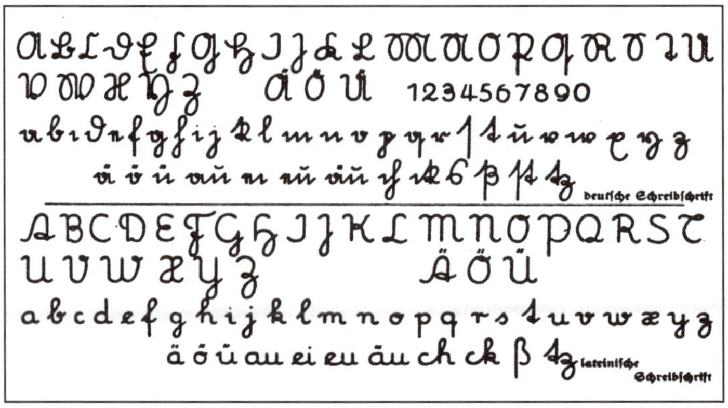

Die Sütterlin-Version der beiden Schriften

M | 1 Die Kurrentschrift

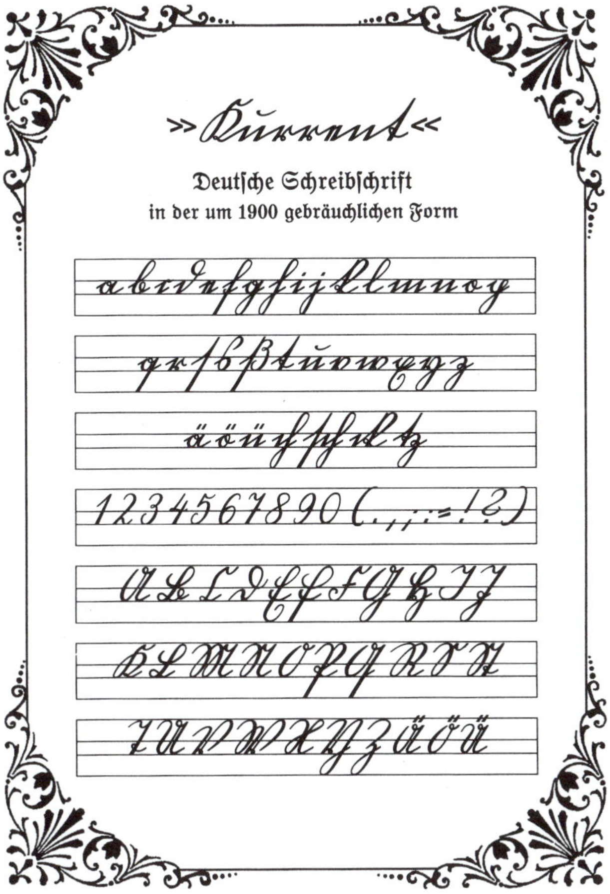

Quelle: Fotosatz Hildebrandt, Taunusstein

M | 2 Schreiblinien

M | 3 Kochrezept

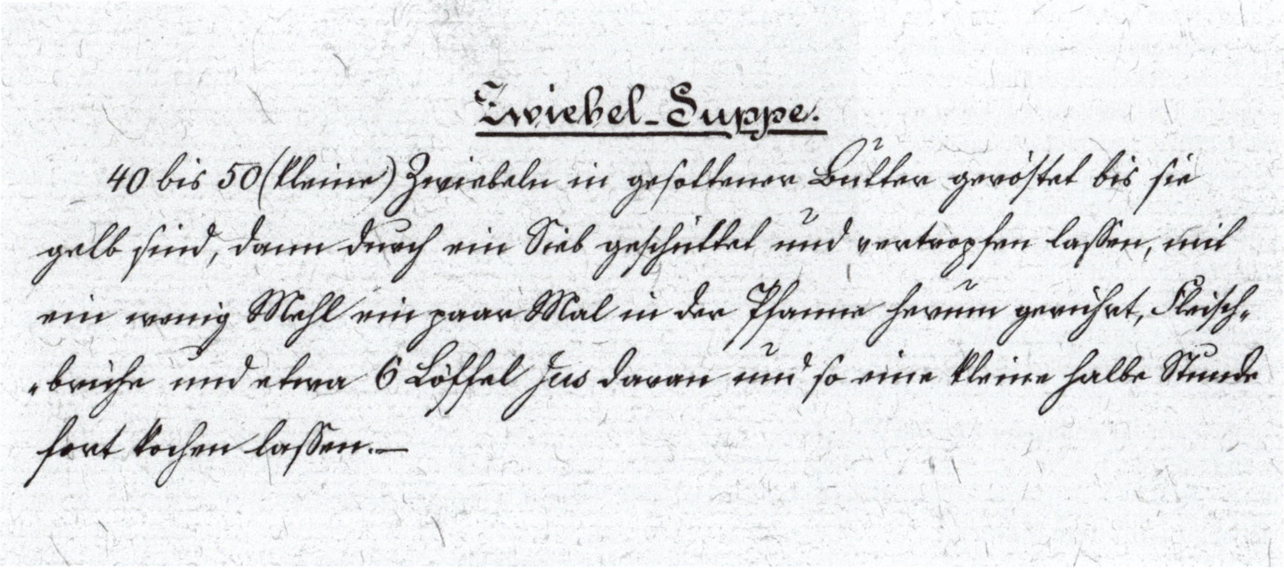
Zwiebel_Suppe.

40 bis 50 (kleine) Zwiebeln in gesottener Butter geröstet bis sie gelb sind, dann durch ein Sieb geschüttet und vertropfen lassen, mit ein wenig Mehl ein paar Mal in der Pfanne herum gerührt, Fleischbrühe und etwa 6 Löffel Jus daran und so eine kleine halbe Stunde sanft kochen lassen.

Rezept aus dem Kochbuch von Anna Burckhardt-von der Mühll, Basel, um 1850

Quelle: Privatarchiv

„Der Hitler hat mein Leben zerstört…“

Politik und Lebensgeschichte

Wolfgang Hammer

Dieser Unterrichtsvorschlag versucht, Schüler am Beispiel eines menschlichen Schicksals persönliches und politisches Leben in ihren Abgrenzungen und Überschneidungen erkennen und diese Erkenntnis auf ihre eigene Lebensgestaltung übertragen zu lassen.

Nischen gibt es nicht

Menschen können sich den Einflüssen der Politik nicht entziehen. Selbst die Abwendung von der Politik ist eine politische Reaktion. Deshalb sollen Schüler darüber nachdenken, welche Einflüsse aus dem politisch-gesellschaftlichen Bereich ihr privates Leben bestimmen. Politikverdrossenheit und Wahlenthaltung scheinen nur apolitisch zu sein; man kann „der“ Politik nicht entfliehen.

Die Beschäftigung mit den Lebenserinnerungen eines Zeitzeugen, hier Herr **B. I.**, der bis heute seine Kriegserlebnisse nicht hat überwinden können, kann deutlich machen, in welchem Maße jeder Einzelne eingebunden ist in das historische Geschehen. Vielleicht gelingt es darüber hinaus im Unterricht, durch die Vertiefung in einen solchen Bericht die Entwicklung eines Einfühlungsvermögens bei Schülern anzuregen. Es kann bewusst werden, dass die Kenntnis von Lebensmustern auch der eigenen Identitätsbildung nützlich ist.

Es ergeben sich für den Unterrichtsverlauf drei Schritte: die Aufnahme der Biografie, die Wahrnehmung der Eingebundenheit der Person in die Muster ihrer Zeit und die Übertragung der Erkenntnisse als Fragen an das eigene Leben.

Der Umgang mit dem Material

Bei dem vorliegenden Text (siehe **Kopiervorlage**) handelt es sich um eine gemischte Form, in der authentische Aussagen mit einem Bericht des Autors vermischt sind. Ich habe diese Form gewählt, damit Schüler die zwei Ebenen und die Gebrochenheit der Sichtweisen diskutieren können. So sollen sie erkennen, welches Erkenntnisinteresse der Autor hatte, wenn er die Lebensgeschichte von **B. I.** nacherzählt, und wie er seine Beobachtungen schildert (neutral, mit Sympathie, mit Antipathie). Umgekehrt sollen Schüler auch Verständnis dafür entwickeln, warum **B. I.** seine Geschichte gerade einem Fremden mitteilt. Aus diesem kommunikativen Kontext, der eine Grundsituation von Geschichtswissenschaft ist, sollen die Schüler dann den historischen Inhalt erschließen.

Strukturell gesehen gruppiert sich die gesamte Lebensgeschichte des Mannes um den Zweiten Weltkrieg; alle anderen historischen Ereignisse treten dahinter zurück. Die Wirkung des Krieges auf seine Mentalität und seine Lebenseinstellung wird offenkundig: depressiv gefärbt sieht er auch die Nachkriegszeit und sein eigenes Leben pessimistisch, nur das Malen hält ihn am Leben. Er hat die Kriegserlebnisse nicht verarbeitet.

Mahnmal und Ehrenwache am Thingplatz des Lagers für die Hitlerjugend des Gebietes Hochland bei Murnau im Sommer 1934

Foto: Stadtarchiv München, Historisches Bildarchiv

Für Schüler sollte die Lektüre dieser Biografie Anregung sein, ihren Standpunkt in der Geschichte zu reflektieren, sich (und ihre Verwandten/Bekannten) als Objekte historischer Ereignisse zu sehen und darüber zu sprechen.

Daneben eignen sich folgende Problemkreise für eine Diskussion in der Lerngruppe: Wie überwindet man traumatische Erlebnisse? Welche Verpflichtung ergibt sich aus dieser Lebensgeschichte zum politischen Engagement? Insofern lautet die zentrale Frage: Wie sind wir von politischen und gesellschaftlichen Entwicklungen auch in unserer Familie und in unserem privaten Leben abhängig? Wie können wir unser Leben „selbst in die Hand nehmen“ und gestalten?

Überlegungen zum Unterrichtsablauf

Nach dem Lesen des Textes folgt eine zeitliche Orientierungsphase durch die Zuordnung der Jahreszahlen (**Aufgabe 1**). Dann versuchen die Schüler eine Interpretation der Biografie (**Aufgabe 2**), die ihnen helfen soll, nach einer Sammlung von Erlebnissen aus der eigenen Familiengeschichte sich in ihrer historischen Biografie zu analysieren und zu verstehen (**Aufgaben 3–4**).

Die Bilder auf der Kopiervorlage vertiefen den Kontrast des „jungen Soldaten“ und des „älteren Herren“. Man kann die Schüler die Situation nachspielen lassen: Wie und warum kommt es zu diesen Bildern? Welche Posen nimmt Herr **B. I.** vor der Kamera ein? Welche Wirkung will er damit bei dem Betrachter erzielen? Man kann auch „Sprechblasen“ einsetzen: Was denkt sich diese Person im Augenblick? (Schüleräußerung zum Foto des jungen Soldaten: „Ich kämpfe für meine Heimat und bin stolz darauf“! Ein Schüler zum zweiten Foto: „Bücher sind meine Welt!“).

Schüler meinen oft sehr nachdrücklich, Politik habe auf ihr Leben keinen Einfluss. Der Widerstand ist gerade in der Mittelstufe verständlich, wenn Schüler ihren eigenen, „ganz persönlichen“ Lebensstil finden wollen und sich deshalb gegen den Gedanken wehren, die Politik beeinflusse sie.

M | 1 „Der Hitler hat mein Leben zerstört…“

Zufällig saßen Herr B. I. und ich auf einer Bank vor dem Altersheim in einer niederbayerischen Kleinstadt und plauderten. Dann lud er mich zu sich „gleich in der Nähe“ auf ein „Glas Wein“ ein. Ich ging gerne darauf ein, weil mich die „Geschichte“ von alten Leuten interessiert. Nach dem Gespräch notierte ich mir seine Sätze, die mir gut im Gedächtnis haften blieben, weil er sie in den drei Stunden mehrmals wiederholte.

In seinem „Biedermeierzimmer“ erzählte er mir aus seinem Leben.

„Mein Leben fing schon mit Krieg an. Ich wurde am 2. September 1914, dem ersten Mobilmachungstag, geboren. Mein Vater war Beamter, Oberamtmann, meine Mutter Hausfrau, wie es damals üblich war. Mein Bruder und ich waren im ganzen Viertel die Ungezogensten. Einmal haben wir bei dem Schienenwagen der Pferdebahn, die auf der Anhöhe zum Stadtplatz abgestellt war, die Bremsen gelockert, so dass sie donnernd die Schienen entlang über den Marktplatz ratterte, einige Gemüsestände gingen kaputt, als der Wagen aus den Schienen sprang – da hätte mehr passieren können! Ich war nur an einem Realgymnasium. Lieber wäre ich ans Humanistische Gymnasium gegangen. Das waren die feinen Pinkel. Nach dem Abitur dann Praktikum und Studium. In der Volksschule wurde ich von den Lehrern immer geschlagen – Arschpauker.

Beim Polenfeldzug, gleich am ersten Tag, habe ich schon gesagt: ‚Der Krieg ist verloren!‘ Daraufhin wurde ich degradiert. Ich war aber ein guter Richtschütze bei der Artillerie… Eins haben wir beim Barras gelernt: saufen. Am Weihnachtsabend am Wolchow habe ich nur noch gelallt – und dann Hitler nachgemacht: schwarzen Kamm unter die Nase und dann gerufen: ‚Deutsche Volksgenossen und Volksgenossinnen, der jüdisch-internationalen Verschwörung setzen wir den arischen Menschen…‘.“

Er schwieg sehr lange. Ich hielt mich zurück, um ihn zum Weitererzählen zu ermuntern.

„Da hätte ich sofort eingesperrt oder erschossen werden können. Einmal haben wir ein Dorf lange nicht erobert, 1943 in Russland, – ein Blutrausch, das ist schlimm, alle mordeten und… Immer noch träume ich vom Krieg – schweißgebadet wache ich nachts auf… Dieser Scheiß-Hitler hat mein Leben zerstört.“

Ich bemerkte eine russische Ikone an der Wand seiner Wohnung.

„Ich habe sie aber nicht gestohlen, wie viele andere. Ich habe dem Popen, dem sie gehörte, was gegeben: Brot; das war damals Gold wert. – Meine Frau habe ich 1941 geheiratet; wir haben uns an der Universität kennengelernt. Außerdem hätte sie als Kriegerwitwe eine kleine Rente bekommen; warum sollten wir das nicht mitnehmen. Gleich nach der Hochzeit musste ich nach Russland.“ …

Sein Zimmer war übervoll mit Antiquitäten aller Art, ein Sammelsurium.

„Als Erster im Dorf fuhr ich schon 1952 nach Italien, nach Venedig. Mich trieb immer Ehrgeiz voran: zuerst Geschäftsführer, dann nur Angestellter, dann aber Pächter eines Geschäfts in E., dann Pächter in einer größeren Stadt, in der Stadtmitte; das erste Auto schon 1949, den Leukoplastbomber, dann im nächsten Jahr einen VW-Käfer, das nächste Auto ein Mercedes. Immer war ich ehrgeizig. Da konnte ich es mir leisten, das alles hier zu sammeln.

Die Malerei war mein Hobby. Zuerst malte ich ganz brav Landschaften, dann, so um 1960 herum, begann ich, abstrakt zu malen… Bei der Malerei fühlte ich mich wirklich wohl. Das Geschäft war das Brot, die Malerei die Butter.“

Ich fragte ihn, warum er nicht Maler geworden sei.

„Mir war das Geschäft sicherer. Zuerst liebte ich meinen Beruf. Ich war verantwortungsbewusst, blieb bis in die Nacht im Geschäft, tat alles mit Leib und Seele. – Später langweilte ich mich. Mir wurde die Freude am Beruf von vielen vergällt. Dafür malte ich dann. Da fühlte ich mich wohl und glücklich, da und am Stammtisch. Die Familie taugte nichts; meine Frau las nur immer ihre Bücher, und die Kinder… Einer ging zum Studium nach Berlin, gerade als die großen Demonstrationen waren, ungefähr 1969. Scheußliche Stadt mit der Mauer, diesen Studentenunruhen. Da machte ich mir Sorgen um ihn. Der zweite Sohn, ein Tunichtgut, Einbrüche und so. Zu beiden habe ich kaum mehr Kontakt. Malerei enttäuscht mich nicht.“

Immer wieder zeigte er mir seine Schätze (und sagte zu den meisten: „Das ist ein feines und wertvolles Stück“), Schnupftabaksdosen, alte Gemälde, Münzen, ein Meißner Service, mehrere Kruzifixe und 16 alte Uhren.

„Ich sammle halt gerne alte und schöne Dinge. Schon als Kind habe ich das getan.

1914, am ersten Mobilmachungstag, wurde ich geboren. Ich hasse alles, was mit Politik zu tun hat. Im Dritten Reich haben sie uns alle beschissen. Unsere ganze Jugend haben sie uns gestohlen, die Naziverbrecher.“

Er weinte, als er wieder auf den Krieg zu sprechen kam.

„Unsere heutige Welt ist nicht mehr schön. Überall nur Eigennutz und Zerstörung. Keine Liebe mehr. Denken Sie an all die schönen Dinge: Malerei, Musik, Literatur – und jetzt das mit der DDR. Vereinigung, die wirtschaftlichen Probleme; wenn das nicht schiefgeht. Das Leben, nein, es war nicht schön; manchmal hatte ich schöne Stunden, aber insgesamt – es war schwer.“

AUFGABEN

- Welche Ereignisse müssen wir kennen, um die Erzählung von Herrn B. I. verstehen zu können? Wichtig sind auch die Daten:
  - 1914–18: Erster Weltkrieg
  - 1919–1933: Weimarer Republik
  - 1933–1945: Nationalsozialismus
  - 1. September 1939: Angriff auf Polen;
  - 22. Juni 1941: Überfall auf die Sowjetunion
  - 1949–1963: Ära Adenauers Wirtschaftswunder
  - 1968/69: Studentenunruhen
  - 9. November 1989: Fall der Mauer
- Wie haben Geschichte und Politik die Lebenseinstellung von Herrn B. I. geprägt?
- Welche Erkenntnisse gewinnst du aus der Erzählung von Herrn B. I. für dein „Leben in der Geschichte“?
- Ordne den Ereignisabschnitten dieser Erzählung wichtige Ereignisse aus deiner Familiengeschichte zu!

Liebe – Heirat – Leben

Heiratsannoncen und Hochzeitsbilder

Ob pompöse Feier oder schlichte Trauung, mit Gottes Segen oder nur durch des Staates Rechtsakt, neuerdings sogar unter gleichgeschlechtlichen Partnern – gleich, wer heiratet, für fast alle ist die Hochzeit das größte Erlebnis im Leben. Zur Eheschließung gehört auch das Hochzeitsfoto – und bei manchen Hochzeitspaaren geht der Ehe die Kontaktanzeige voraus. Gelingt es, beide Quellengattungen miteinander zu verknüpfen, kann die Vertretungsstunde durchaus amüsant und erfolgreich verlaufen!

Oliver Großmann

Notwendigerweise geht dem Hochzeitsfest irgend eine Form des Kennenlernens der Partner voraus. Doch wie verläuft diese Kontaktaufnahme? Von der Heiratsvermittlung bis zur Zufallsbekanntschaft gibt es vielfältige Möglichkeiten. Eine zeitlos beliebte Weise sich kennenzulernen besteht darin, sich über das öffentliche Medium „Zeitung" selbst zu präsentieren, Erwartungen zu formulieren und auf angemessene Reaktion zu hoffen oder selbst auf eine Annonce zu antworten. Grund genug, sich in einer Vertretungsstunde mit Bekanntschaftsanzeigen verschiedener Generationen zu beschäftigen.

Kontaktanzeigen dokumentieren, welcher „Typ" Frau oder Mann gerade „angesagt" ist, belehren uns über Motive und Grundlage für die eheliche Verbindung, Einstellungen und Wünsche derjenigen, die einen Partner suchen. Sie erlauben nicht nur Rückschlüsse auf die Personen und deren Lebensumstände, sondern auch auf die sozialen und gesellschaftlichen Rahmenbedingungen. Auch für den Historiker sind Annoncen daher eine Fundgrube!

Ähnliches gilt für das „Hochzeitsfoto". Im 19. Jahrhundert noch gemalt, seit Erfindung der Fotografie auf Celluloid gebannt - immer steht dahinter der Wunsch, sich angemessen zu repräsentieren. Der Fotograf hat das Paar in Szene zu setzen. Der Historiker stellt daher Fragen: Wie wollen sich die Brautleute dargestellt wissen? Welche Requisiten sind wichtig und werden deshalb in den Vordergrund gerückt? Was verrät uns die Kleidung über die soziale Situation des Paares? Ist eine Abkehr von gebräuchlichen Formen oder Konventionen feststellbar? Besteht eine Form von Kommunikation zwischen Frau und Mann (Blickkontakt, Händchenhalten, Kuss)?

DAS THEMA IM UNTERRICHT

Die Anzeigen und Fotos stammen aus vier verschiedenen Perioden der letzten hundert Jahre: aus der Zeit der Weimarer Republik, aus der Zeit der NS-Diktatur, aus der Nachkriegszeit (1960er Jahre, vor Beginn der 1968er-Bewegung) und aus der Gegenwart. Dabei stellen die Bilder und Texte nur ein kleines Segment möglicher Formen von Anzeige und Foto dar. Diese didaktische Reduktion, durch die die Realität nur unzureichend abgebildet wird, erscheint notwendig, um überhaupt eine Vergleichbarkeit im historischen Längsschnitt herstellen zu können. (Wichtig: Die auf den Fotos abgebildeten Hochzeitspaare entsprechen nicht den Verfassern der Anzeigen bzw. den mittels Annonce gesuchten Personen!)

Foto aus den 1920er Jahren (M 1.2)
Bräutigam in Polizeiuniform mit Waffe (Säbel) und Helm, die relative Schlichtheit des Brautkleides erinnert an die Kleidermode der 1920er Jahre, der lange Schleier und der diademartige Kopfschmuck und ein ausladender Rosenstrauß weisen auf eine Hochzeit des gehobenen Mittelstands hin. Die Hochzeitsgesellschaft folgt dem Brautpaar nach Auszug aus der Kirche. Die Konformität der Blicke belegt, dass es sich um ein gestelltes Bild, nicht etwa um einen „Schnappschuss" handelt.

Foto aus den 1930er Jahren (M 1.4)
Das Brautpaar sitzt inmitten der Familie, in einer einfachen Gaststube. Gleichsam inmitten der privaten Runde ist der „Führer" durch das lebensgroße Bild anwesend – wachsam scheint er der familiären Gemeinschaft segensreichen Schutz zu gewähren.

Foto aus den 1960er Jahren (M 1.1)
Traditionelle Pose (beide Ehepartner stehend) vor Styroporgeländer, Vorhang aus schwerem Stoff und drapiertem Blumengebinde – die künstlich inszenierte Kulisse mit Beleuchtung von hinten („Brautpaar aus dem Licht") knüpft an alte Ateliererinnerungen an und kündigt zugleich vorsichtig die bunte Pop- und Plastikwelt der 1970er an. Minirock, Schuhe und Handtasche des Brautmädchens gestatten die Zuordnung des Bildes in die 1960er Jahre.

Foto von heute (M 1.3)
Die technischen Möglichkeiten der Fotografie erlauben Hochzeitsbilder auch fernab von Atelier und Studio. Neben Beibehaltung traditioneller Formen (weißes Brautkleid, schwarzer Anzug, Blumen) kommt das Miteinander des Paares stärker in den Blickpunkt. Es ist von Freunden und Familie umgeben, die Starre der Inszenierung löst sich auf zugunsten einer freudig bewegten Stimmung. Das Erlebnis des Augenblicks, der positiv empfundene Moment wird zur dominanten Kategorie. Damit schwindet auch die Bedeutung von Requisiten – die Absicht, sich einer gesellschaftlichen Gruppe durch bestimmte Attribute zuzuordnen, ist auf diesem „Spontanfoto" nicht mehr erkennbar.

M | 1 Hochzeitsfotos

M 1.1

M 1.2

M 1.3

M 1.4

Fotos: O. Grossmann

M | 2 Kontaktanzeigen

M 2.1 Zeitraum A

Jüdin

Suche f. m. Tochter, welche im H. sowie im Geschäft sehr tüchtig ist, gebild., jüd. Herrn, der nicht auf Geld s., sond. mehr auf ein gemütl., schönes Heim zwecks Heirat. Einger. 5-Zim.-Wohnung nebst Lagerräumen steht zur Verf. Nur Herren bis 45 J. in gesich. Posit., nicht rituell, wollen Angeb. unt. Beif. eines Bildes welches sof. ret. wird, richten unter [redacted].

Heirat. Ich suche eine tüchtige Hausfrau. Mädchen (kinderlose Witwe nicht ausgeschlossen) bis zirka 35 Jahre, welche Lust und Liebe für Geschäft hat, zwecks baldiger Heirat. Ich bin 40 Jahre, Junggeselle, von stattlicher Erscheinung. Habe eine flott gehende Metzgerei im schönen Bergischen Lande.

Quelle: Kölner Stadtanzeiger vom 4. September 1925/ Universitäts- und Stadtbibliothek Köln

M 2.2 Zeitraum B

SA-Scharführer, Anfang 30, Blutordensträger, blonder Vollgermane, kernig und erbgesund, sucht auf diesem Wege die Mutter seiner kommenden Kinder und Wahrerin seines Hortes. Selbe muss Garantin rassischer Vollwertigkeit kommender Geschlechter sein. Stattliche Blondine bevorzugt, nachgedunkelte Schrumpf-Germanin unerwünscht. Eigenes Heim vorhanden. Vermögen Nebensache.

Deutsche Minne, blondes BDM-Mädel, gottgläubig, aus bäuerlicher Sippe, artbewusst, kinderlieb, mit starken Hüften, möchte einem deutschen Jungmann Verwalterin seines Stammes sein. (Niedere Absätze, kein Lippenstift). Nur Neigungsehe mit zackigem Uniformträger.

Quelle: Völkischer Beobachter vom 12. August 1934

M 2.3 Zeitraum C

Berliner Ingenieur, 43/1,75, schlank, gut aussehender Kavalier, vielseitig und tolerant, beste Umgangsformen, gebildet (humanistisches Studium), alleinstehend, Führerschein, sucht nach großer Enttäuschung liebevolle, gebildete und treue Ehegefährtin von natürlicher Wesensart.

Wienerin, Diplom-Kaufmann, 25, 1,68, charmant, schlank, sucht gebildeten katholischen Herrn in gesicherter Position zwecks Heirat kennen zu lernen. Ehrliche Bildzuschriften zurück.

Quelle: Kölner Stadtanzeiger vom 22./23. Januar 1966/ Universitäts- und Stadtbibliothek Köln

M 2.4 Zeitraum D

Hallo Golfer

Bin Ende 50, 1.60, verw., hübsch, schlank, unabhängig, NR, suche nettes Pendant zum Leben, Lieben, Lachen. Zuschriften unter [redacted].

Gemeinsam wachsen und Horizonte überschreiten – Als Mann Anfang 50 mit Talent und Kultur gebe ich Job und Ehe auf, um neuen Lebensraum mit vielen Fassetten zu gewinnen. Sind Sie eine kultivierte Frau Anfang 40, die herzdenken kann und attraktive Lebenswünsche hat? Verstehen Sie Leben als dynamische Entwicklung von mehr Leben und schätzen Sie Freiräume? Ihre weit gehende Selbstständigkeit und Unabhängigkeit bietet dennoch eine echte Chance für gelingende Zweisamkeit? Dann bitte ich um Ihre geschätzte (Bild-)Zuschrift.

Quelle: FAZ, Frühjahr 2002

AUFGABEN

- Zu M 1: Beschreibe die Personen auf den Fotos und die räumliche Umgebung! Überlege, aus welcher Zeit die Fotos stammen könnten! Überlege, was dem Brautpaar wichtig ist im Leben!
- Zu M 1 – M 2: Welche Kontaktanzeige passt zeitlich zu welchem Foto? Was können Fotos und Anzeige über die soziale und gesellschaftliche Stellung der Heiratenden aussagen?
- Wie soll dein Hochzeitsfoto einmal aussehen?
- Formuliere eine Kontaktanzeige! Was ist dir wichtig bei der Partnersuche?

Triumphfahrt der elf Knappen

Faszination Fußball – Integration und Identifikation

„Eine Triumphfahrt sondergleichen war die Rückkehr der elf Knappen[1], die am Sonntag in dem so mitreißenden, bis auf die letzte Sekunde dramatischen Endkampf verdient den Sieg bei der deutschen Fußballmeisterschaft errungen hatten... Es ist fast unfasslich, was sich da an Sportbegeisterung und Fußballfanatismus zuhauf türmte... Da halfen drei- und vierfache SA- und SS-Ketten nichts. Da wurde einfach alles an Ordnung und Disziplin überrannt..."

Amrei und Nils Stupperich

Was fasziniert am Fußball?

Als „Chaos der Freude" übertitelte ein fast ratloser Reporter am 26. Juni 1934 das, was sich in Gelsenkirchen abspielte, als die Spieler vom FC Schalke 04 nach einem 2:1-Sieg über den 1. FC Nürnberg 1934 zum ersten Mal Deutscher Meister geworden waren. 65 000 Zuschauer hatten im Berliner Poststadion miterlebt, wie die Nürnberger, die bis vier Minuten vor Schluss mit 1:0 geführt hatten, nach dem Endspurt der Schalker den Meistertitel doch noch abgeben mussten. Die unbändige Begeisterung der Fans hatte es aber auch vor 1934 schon gegeben. Wie läßt sich dieses Phänomen erklären?

Aus den Anfängen

Es gibt zahllose Hinweise auf eine bis in die Vorgeschichte zurückreichende Tradition des Fußballspiels im eurasischen und amerikanischen Raum. Die Wiege des modernen Fußballsports stand dennoch in England, wo das Fußballspiel zwar schon im 12. Jahrhundert urkundlich erwähnt wird, in puritanischer Zeit aber wieder verschwunden zu sein scheint; **Shakespeare** benutzt football-player als rüdes Schimpfwort (King Lear, 1. Akt, 4. Szene). In England gehörten – wie später in Deutschland – die Schulen zu den Pionieren dieses Sports.

Weil das moderne Fußballspiel auf einem leicht durchschaubaren Prinzip beruht, die Ausübung billig, die Spielregeln einfach und die Wertung unkompliziert sind, konnte sich dieser Sport schnell auf der ganzen Welt verbreiten. Der erste deutsche Fußball-Verein wurde an einem Braunschweiger Gymnasium als erzieherisch wertvoll und gesundheitsfördernd gegründet (1874), wenn auch zunächst von den Nur-Turnern als undeutsche Engländerei heftig befehdet (**M 1**). Das konnte den Siegeszug – besonders auch in der Arbeiterbewegung – jedoch nicht aufhalten (**M 2, M 3.1**).

Fußball im Kohlenpott: „Alles hielt eisern zusammen"

Am Beispiel von Schalke 04 lässt sich sehr gut demonstrieren, dass die Arbeiterklubs – im Gegensatz zu den besser ausgestatteten bürgerlichen Vereinen – aus ihrer sozialen und finanziellen Lage besondere Spielenergien schöpften. Drei Faktoren spielten eine zentrale Rolle: Gesellschaftlich befanden sich alle Spieler und Mitglieder in nahezu derselben Lage, sie waren fast alle Arbeiter, d. h. Bergleute, Fabrikarbeiter, Handwerker, oder stammten aus solchen Familien. Sie arbeiteten zusammen in den Zechen und Hütten in unmittelbarer Umgebung ihrer Wohnung. Und weil hier die billigsten Grundstücke waren, fanden sie auch ihre Spielstätte und ihr Vereinslokal in der Nähe von Wohnung und Zeche (**M 4**). Ohne lange Anfahrt konnten sich die Spieler nach Feierabend oder am Sonntag treffen.

Das waren ideale Bedingungen für Spieler und Vereinsmitglieder, die zum grossen Teil nach ihrer Zuwanderung aus dem Osten erst im Ruhrpott Fuß fassen mussten, um ein Zusammengehörigkeitsgefühl zu entwickeln. In weitem Umfang wurde davon Gebrauch gemacht. Auswärtsspiele waren regelmäßig Anlass für Familienausflüge (**M 3.2**). Gesellige Runden blieben oft bis zum späten Abend zusammen; Spieler sorgten als Musikkapelle für die musikalische Unterhaltung. Auf diese Weise wurden nicht nur Vereinsfeste, sondern auch familiäre Ereignisse wie Hochzeit und Kindstaufe im Kreise der Vereins„familie" gefeiert.

Das Fußballspiel als Mannschaftssport tat ein Übriges, um neben den persönlichen Fähigkeiten in punkto Schnelligkeit oder Balltechnik die Solidarität unter den Spielern zu fördern. Nicht zuletzt war auch das Gefühl, Opfer der Missgunst bürgerlicher Vereine zu sein, eine Herausforderung: Es entstand das Schlagwort von der „verschworenen Gemeinschaft", die die Schalker zu ihrem Erfolg in den 1930er Jahren geführt hat. Der als „Polacken-" und „Proletenklub" beschimpfte Verein wollte es „denen" unbedingt zeigen!

Fußball als Zuschauermagnet

Seit die Schalker 1928 ihre „Kampfbahn Glückauf" fertiggestellt hatten – großzügig gefördert von der nahen Zeche Consolidation –, zog ihr Stadion riesige Zuschauermassen an. Für etwa 40 000 Zuschauer geplant, strömten bei interessanten Begegnungen bis zu 70 000 (1931) Menschen dorthin. Es war die Zeit, in der die Arbeitslosigkeit in Gelsenkirchen mit über 66 % an der Spitze aller Ruhrgebietsstädte lag.

Die Zerschlagung der Arbeiterbewegung im Jahr 1933 war ein weiterer wesentlicher Grund für die massenhafte Identifikation mit den Arbeitersportlern auf dem Fußballfeld. Ganz unabhängig davon förderten die nationalsozialistischen Machthaber den Fußball, um von politischer Entmündigung und sozialer Not abzulenken. Im Krieg wurde der Fußball zudem aus Repräsentationsgründen gefördert: Auf keinen Fall sollte der Eindruck entstehen, Deutschland könne sich ein Stück Normalität und Vergnügen nicht mehr leisten. Noch im April 1944 fand im Berliner Olympia-Stadion das Endspiel der 5. und letzten Deutschen Kriegsmeisterschaft statt – wegen ständiger Gefahr von Luftangriffen wurde durch eine Sonderleitung viertelstündlich über die „Luftlage" informiert. Falls wirklich ein Luftangriff gemeldet worden wäre, die 60 000 Zuschauer hätten sich schutzlos zerstreuen müssen!

LITERATUR

Gehrmann, S.: Fußball in einer Industrieregion. Das Beispiel FC Schalke 04. In: Reulicke, J./W. Weber (Hrsg.): Fabrik, Familie, Feierabend. Wuppertal 1978, S. 377 ff.

Ders.: Fußball, Vereine, Politik. Essen 1988

Koppehel, C. (Bearb.): Geschichte des deutschen Fußballsports. Frankfurt a. M. 1954

[1] Der literarische Begriff „Knappe" für Bergmann wurde früher (und wird noch heute) für die Schalker Spieler verwendet, weil diese in ihrer Mehrheit Bergleute von Beruf waren.

M | 1 Um 1900

M 1.1 Aus einer Streitschrift von Prof. Karl Planck (Eberhard-Ludwig-Gymnasium, Stuttgart), einem bekannten Turnerführer, 1898:

„Was bedeutet aber der Fußtritt in aller Welt? Doch wohl, daß der Gegenstand, die Person nicht wert sei, daß man auch nur die Hand um ihretwillen rühre. Es ist ein Zeichen der Wegwerfung, der Geringschätzung, der Verachtung, des Ekels, des Abscheues... Zunächst ist jene Bewegung ja schon, auf die bloße Form hin angesehen, häßlich. Das Einsinken des Standbeins ins Knie, die Wölbung des Schnitzbuckels, das tierische Vorstrecken des Kinns erniedrigt den Menschen zum Affen..."

Quelle: S. Gehrmann, Fußball, Vereine, Politik. Essen 1988, S. 10 f.

M 1.2 Aus der Gründungsgeschichte des 1. FC Mönchen-Gladbach, gegründet 1894:

„So sah man denn sonntags die Vereinsmitglieder zur frühen Morgenstunde zwischen 6 und 1/2 7 Uhr in vollem Ornat durch die Stadt an die Plätze eilen! Fußballstiefel an den Füßen, die junge Männerbrust mit einem grellen, rot und blau gestreiften Jersey bedeckt und die unteren Extremitäten mit einer kurzen schwarzen Hose bekleidet. Die bedächtigen Leute hielten die Fußballer für Narren, die frommen [auf dem Weg zur Frühmesse] schlugen ein Kreuz wegen der nackten Männerknie, die offensichtlich die Sittlichkeit gefährdeten."

Quelle: ebda., S. 11

M 1.3 Über die Anregungen deutscher Geistlicher, speziell des Abtes von Loccum, Dr. Uhlhorn aus Hannover, schreibt die Deutsche Turn-Zeitung im Jahr 1895:

„Es gibt kein besseres Mittel gegen sittliche und leibliche Schlaffheit und Verweichlichung als das Fußballspiel. Es ist das sicherste Mittel, die Jünglinge und jungen Männer der ganzen Bevölkerung, auch Arbeiter, regelmäßig in ihren freien Stunden aus den dunstigen Kneipen in Gottes freie Natur zu locken."

Quelle: C. Koppehel (Bearb.), Geschichte des deutschen Fußballsports. Frankfurt a. M. [7]1954, S. 19

M | 2 Um 1900

„Er hat Tür an Tür mit dem Tänzer Rudolf Nurejew in New York gewohnt, mit dem Tenor Luciano Pavarotti dessen selbstgekochte Spaghetti in Knoblauch und Öl verspeist, Königin Elisabeth von England die Hand gedrückt, mit Placido Domingo an der New Yorker Met die Strauss-Oper ‚Frau ohne Schatten' besucht und anschließend mit dem Dirigenten Karl Böhm zu Abend gegessen. Franz Beckenbauer ist von den Prominenten aus Kunst, Politik und Wirtschaft als einer der ihren betrachtet worden."

Quelle: H. Blickendörfer, Der Kaiser. Heilbronn 1991, S. 315

M | 3 Fußball im Kohlenpott

M 3.1 Die Fußballmannschaft des Duisburger Turnvereins von 1848 im Jahr 1896

Quelle: 10 Jahre Fußballverband Niederrhein 1947–1957. Zusammengestellt von F. Brauner. Düsseldorf 1957, S. 64

M 3.2 Die Vereins„familie"; Vereinsausflug des BV Borussia 09 Dortmund mit Kind und Kegel um 1926

Quelle: Informations- und Presseamt der Stadt Dortmund

M | 4 Die Lage von Arbeits-, Wohn-, Übungs- und Treff-Platz

Das Beispiel des Vororts Gelsenkirchen-Schalke. Auch wenn viele Vereinsmitglieder nicht mehr auffindbar sind, wird die Lage der Lebensbereiche Arbeiten-Wohnen-Spielen dennoch sichtbar

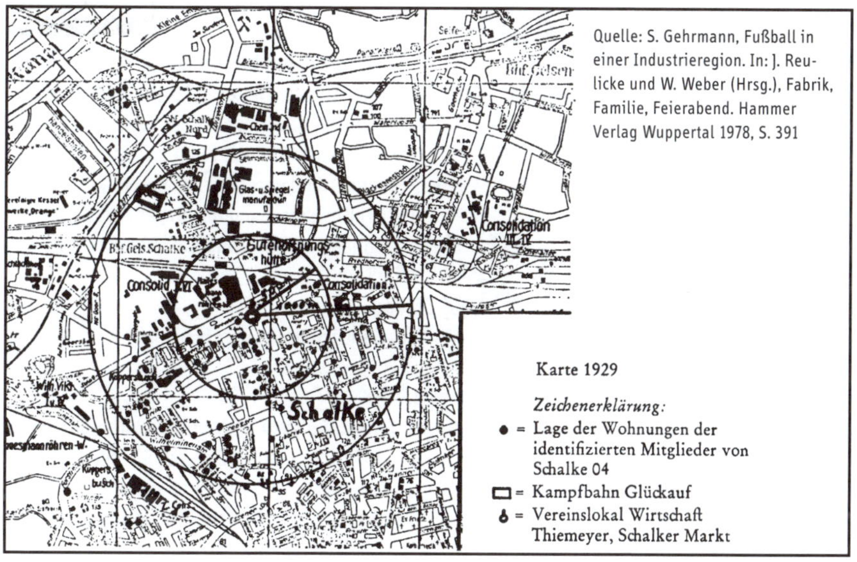

Quelle: S. Gehrmann, Fußball in einer Industrieregion. In: J. Reulicke und W. Weber (Hrsg.), Fabrik, Familie, Feierabend. Hammer Verlag Wuppertal 1978, S. 391

Reisen in die Vergangenheit

Ein ungewöhnlicher Reiseprospekt von „Histourist“

Reinhard Bein und Markus Bernhardt

„Beim Blick in die Tageszeitung fällt auf, dass sich Busreisen in historische Gegenden steigender Beliebtheit erfreuen. Das neugegründete Reiseunternehmen **Histourist** hat sich hierauf spezialisiert. Das Spitzenangebot des Veranstalters ist eine siebentägige ‚Reise in die deutsche Vergangenheit‘. Allerdings hat **Histourist** es versäumt, einen versierten Historiker mit der Ausarbeitung des Reiseprospekts zu beauftragen, denn der vorliegende enthält zahlreiche Fehler.“

Eine ähnliche Geschichte kann man den Schülern im Unterricht gut erzählen. Dass es nun deren Aufgabe ist, die jeweiligen Fehler im Reiseprospekt herauszufinden, bedarf keiner weiteren Erwähnung. Man sollte jedoch, bevor die Arbeitsblätter ausgeteilt werden, dafür sorgen, dass sich - wenn möglich - jeweils drei bis vier Schüler zur Fehlersuche zusammenfinden. Die Arbeit in Gruppen ist in vielerlei Hinsicht die brauchbarste Unterrichtsform, da das Arbeitsblatt (9.–11. Schuljahr) so aufgebaut ist, dass ganz unterschiedliche Interessen und Voraussetzungen berücksichtigt sind. Darüber hinaus wäre es für einzelne Schüler, die man in einer Vertretungsstunde meist nicht kennt, frustrierend, wenn sie nur wenige Dinge herausfinden. Diese Erfahrung machen sie ja bereits sonst schon oft genug.

Wenn diese Dinge geregelt sind, werden die Arbeitsblätter ausgeteilt. Man sollte für die Bearbeitung ein Zeitlimit geben, damit für die Besprechung noch Zeit bleibt. Um die Fehlersuche einzugrenzen, bietet es sich an, die Anzahl der Fehler vorzugeben. Dies kann man sogar für die einzelnen Tage tun (also: 1. Tag = 4 Fehler, 2. Tag = 6 Fehler usw.). Unter Umständen können auch historische Lexika oder Handbücher an die Schüler gruppenweise verteilt werden, um damit die Erfolgsaussichten bei der Fehlersuche zu vergrößern.

Ein Tag in Rom – alles erlogen?

Nach dem Ausflug in die Vergangenheit wird hier in Rom eine „Lügengeschichte“ aufgetischt. Der Schüler folgt **Cornelia** durch ihren Tag. Und immer wieder stolpert er über die Sitten der Römer, über technische und wissenschaftliche Errungenschaften, die er einer späteren Epoche zuordnen möchte. Aber Vorsicht! Fast alles ist richtig, nur dreimal wurde gelogen (Lösungen siehe S.94; falsch sind natürlich **Kartoffelstäbchen**, **Kaugummi** - und **Essbesteck**, denn die Römer kannten nur Löffel!).

Die Idee zu dieser Geschichte um **Cornelia** und **Gaius** stammt aus **Hermann Mostars** Klatschpanorama „Weltgeschichte höchst privat“ (Stuttgart 1954). Die Geschichte bedurfte jedoch der gründlichen Überarbeitung. Zum einen ermüdet der Autor den Leser mit dem Aufzählen wissenschaftlicher und technischer Errungenschaften und erschlägt damit seine Geschichte. Zum anderen hat er bisweilen ungenau recherchiert und manchmal ganz unbedacht fabuliert.

Einsatz in einer Vertretungsstunde: Die Schülerinnen und Schüler (5.–8. Schuljahr) lesen den Text (S. 92 - 93) in Partner- oder Gruppenarbeit und diskutieren und markieren Textstellen, die ihnen unwahrscheinlich erscheinen. Anschließend erhalten sie das Lösungsblatt (S. 94), um selbst durch Kombinieren und Vergleichen die richtigen Lösungen zu finden. Für diesen Arbeitsschritt sollten etwa 15 Minuten eingeplant werden, um eine intensive Textarbeit zu ermöglichen; erfahrungsgemäß werden bis zu 20 Textstellen beanstandet. Ein Wettbewerb führt zu Oberflächlichkeit.

Die Fehler im Reiseprospekt von „Histourist“

1. Tag:

(1) Hamburg ist nicht der größte Hafen der Welt.
(2) **Bismarck** war Reichskanzler und nicht Reichspräsident.
(3) Die Heringe wurden in der Ostsee gefangen und nicht im Atlantik.
(4) Braunschweig war nicht die größte mittelalterliche deutsche Stadt.

2. Tag:

(5) Die Revolution war 1848, nicht 1843.
(6) Der deutsche Kaiser hieß **Wilhelm I.** und nicht **Friedrich I.**
(7) Der Reichstag steht neben dem Brandenburger Tor.
(8) Das Kaiserreich ging 1918 und nicht 1914 unter.
(9) Die Nationalversammlung tagte wegen der unsicheren Lage statt im Berliner Reichstag in Weimar.
(10) Der Reichstag brannte 1933.

3. Tag:

(11) Potsdam ist die Landeshauptstadt von Brandenburg.
(12) Die Mauer fiel 1989 und nicht 1990.
(13) Das Schloss „Bellevue“ steht in Berlin und nicht in Potsdam.
(14) „Sanssouci“ wurde nicht im spätgotischen, sondern im barocken Stil gebaut.
(15) Großbritannien nahm an der Potsdamer Konferenz teil, Frankreich nicht.

4. Tag:

(16) **Heinrich Heine** wirkte nicht in Weimar.

5. Tag:

(17) Der deutsche König wurde von sieben (seit 1654 acht, seit 1692 zeitweilig neun), aber nie von zwölf Kurfürsten gewählt.
(18) Die Nationalversammlung tagte in der Frankfurter Paulskirche.

6. Tag:

(19) Der „Schlieffenplan“ sah die Verletzung der Neutralität Belgiens vor.
(20) Die Schlacht bei Verdun fand im Ersten Weltkrieg statt.

7. Tag:

(21) Der Sonnenkönig war Ludwig XIV.
(22) Das Kaiserreich wurde 1871 und nicht 1873 ausgerufen.
(23) Das Kaiserreich ging nicht 1945, sondern 1918 unter.
(24) Der Inhalt des Versailler Vertrags war nicht die Aufteilung Deutschlands in vier Besatzungszonen.
(25) Die Mona Lisa wurde nicht von **Michelangelo**, sondern von **Leonardo da Vinci** gemalt.

Fotos: Peter Kranz, Archiv Westermann/ Zeichnungen: Art Box

„Histourist-Reisen“ präsentiert: Eine Reise in die deutsche Vergangenheit

Lassen Sie sich zu einer erlebnisreichen Reise in die deutsche Geschichte entführen, die Sie an viele historisch-bedeutsame Stätten führen wird. Wir werden in einem vollklimatisierten Großraumbus durch namhafte Orte reisen, die in der einen oder anderen Weise fest in der deutschen und europäischen Geschichte verankert sind. Lassen Sie dabei, unter unserer fachkundigen Führung, berühmte Persönlichkeiten und Ereignisse vor Ihrem geistigen Auge wiedererstehen, die die deutsche Geschichte mitgestaltet haben – mal negativ, mal positiv. Lernen Sie nun unsere attraktive Reiseroute kennen:

1. Tag

Wir starten unsere Fahrt in Hamburg, dem größten Hafen der Welt, wo das imponierende Denkmal des ehemaligen Reichspräsidenten **Otto von Bismarck** zu bewundern ist. Noch am gleichen Tag wenden wir uns nach Süden. Auf dem Weg nach Braunschweig begeben wir uns gewissermaßen zurück ins Mittelalter. Auf der Bundesstraße 4 kommen wir durch die für die Hanse bedeutsame Salzstadt Lüneburg. Dort wurde das Salz gewonnen, mit dem die im Atlantik gefangenen Heringe konserviert wurden. Wir folgen dem Weg eines solchen Heringstransports und gelangen gegen Abend nach Braunschweig, das durch zahlreiche, obgleich im Krieg stark zerstörte Sehenswürdigkeiten noch heute den Hauch der größten deutschen mittelalterlichen Stadt zu vermitteln vermag.

2. Tag

Braunschweig hatte bereits im 16. Jahrhundert – wie die meisten Städte Norddeutschlands – seine vormalige Bedeutung eingebüßt. Der eigentliche nördliche Aufsteiger war seit Mitte des 18. Jahrhunderts Berlin, die heutige Hauptstadt Deutschlands. Berlin war schon als preußische Metropole im 19. Jahrhundert der Mittelpunkt des wirtschaftlichen, politischen und kulturellen Lebens. 1810 wurde hier die modernste Hochschule der Welt errichtet, die heutige Humboldt-Universität. Berlin ist jedoch weniger wegen der wissenschaftlichen Leistungen seiner Forscher als vielmehr dadurch bekannt, dass sich hier auch Tiefpunkte der deutschen Geschichte kristallisieren. In der Revolution von 1843 wurden hier Revolutionäre von preußischen Soldaten niedergeschossen. Von hier regierte Fürst **Bismarck** anstelle des deutschen Kaisers **Friedrich I.** mit eiserner Faust. Im Deutschen Reichstag, der neben dem Hamburger Tor steht, tagte das relativ machtlose Parlament des Kaiserreiches, das 1914 unterging. 1919 zog hier die Nationalversammlung der Republik von Weimar ein und später die gewählten Weimarer Parlamente. Wie Sie wissen, fand die erste Demokratie auf deutschem Boden ein bitteres Ende. Nahezu symbolisch brannte 1934 der Reichstag, und es erstickte jede Hoffnung auf individuelle Freiheit für zwölf Jahre.

3. Tag

Nicht weit von Berlin werden wir der mecklenburgischen Landeshauptstadt Potsdam einen Besuch abstatten, was seit dem Fall der Mauer im Jahr 1990 wieder problemlos möglich ist. Sie können dort die berühmten Schlösser „Sanssouci“, „Cecilienhof“ und „Bellevue“ betrachten. „Sanssouci“ ist eine bedeutende Anlage der deutschen Spätgotik und wurde im 18. Jahrhundert auf Betreiben des preußischen Königs **Friedrich II.** erbaut. Im „Cecilienhof“ können wir gewissermaßen „Geschichte live“ schnuppern. Dort berieten 1945 die Siegermächte des Zweiten Weltkriegs (USA, UdSSR, Frankreich) über Deutschlands Schicksal und besiegelten die deutsche Teilung, die erst vor wenigen Jahren endete.

4. Tag

Von Potsdam aus werden wir nach Süden weiterreisen und die Dichterstadt Weimar aufsuchen, in der der große deutsche Dichter **Heinrich Heine** viele Jahre wirkte. Leider gehören zu unserem historischen Erbe nicht nur kulturelle Schöpfungen, sondern auch unmenschliche Barbarei. Wie dicht diese Dinge bisweilen zusammenliegen, können Sie bei der Besichtigung des ehemaligen Konzentrationslagers Buchenwald erfahren, das vor den Toren Weimars liegt.

5. Tag

Das Auf und Ab der deutschen Geschichte wird uns auch weiter begleiten, wenn wir uns nunmehr nach Westen wenden. Auf der Fahrt werden Sie die malerischen Landschaften Thüringens und Hessens genießen, bis wir in die alte und neue Messestadt Frankfurt gelangen. Frankfurt spielte sowohl im Mittelalter als auch im 19. Jahrhundert eine wichtige Rolle im politischen Leben der Deutschen. 1356 wurde Frankfurt in der „Goldenen Bulle“ zum Wahlort der deutschen Könige bestimmt mit der Absicht, dass dort nach dem Ableben des alten Königs zwölf Kurfürsten einen neuen wählten. Die „Goldene Bulle“ hatte Gültigkeit bis 1806, als das „Alte Reich“ unterging. Bereits 1848/49 rückte Frankfurt wieder in den Blickpunkt der deutschen Geschichte, als es in seiner Johanniskirche die Nationalversammlung beherbergte.

6. Tag

Von Frankfurt aus werden wir eine längere Strecke nach Westen zurücklegen und uns gewissermaßen nach dem „Schlieffenplan“ über Holland der französischen Hauptstadt Paris nähern, jedoch nicht ohne im für die deutsche und französische Geschichte so traurigen Ort Verdun zu verbleiben. In einer der blutigsten Schlachten des Zweiten Weltkriegs fanden hier nach unterschiedlichen Schätzungen bis zu 750 000 Soldaten einen sinnlosen Tod. Noch heute spürt man hier den tödlichen Hauch der größten Materialschlacht der Geschichte.

7. Tag

In Paris, dem letzten Halt auf unserer Reise, werden wir uns vor allem im Schloss des Sonnenkönigs **Ludwig XV.** aufhalten, das auch für uns Deutsche eine wichtige Bedeutung hatte. Hier riefen 1873 die deutschen Fürsten nach dem deutsch-französischem Krieg das Deutsche Kaiserreich aus, das 1945 wiederum in einem Krieg unterging. Hier wurde 1919 der sogenannte „Versailler Vertrag“ unterzeichnet, nach dem Deutschland in vier Besatzungszonen aufgeteilt werden sollte. Bei dem abschließenden Aufenthalt in Paris wird es Ihnen möglich sein, die Schönheit der Stadt zu genießen. Neben zahlreichen kulinarischen Vergnügungen können Sie sich, falls noch ein Bedürfnis danach besteht, wiederum in die Kultur stürzen. Besonders empfehlenswert sind Besuche der Kirche Notre-Dame und der Kunstausstellung im Louvre mit der berühmten, von **Michelangelo** gemalten Mona Lisa. Für Sportliche bietet sich eine Besteigung des Eiffelturms an, der seinerzeit anlässlich einer Weltausstellung in Paris errichtet worden ist. Am Abend fahren wir dann zurück nach Hamburg.

Für diese Reise
wünscht Ihnen „Histourist“
viel Vergnügen!

Alles erlogen? Ein Tag in Rom, etwa 75 n. Chr.

Kein Bad am Morgen

Cornelia schreckte hoch, als die schrille Stimme ihrer Haussklavin **Iovinia** aus dem Peristyl in ihr Schlafgemach drang. Sie zankte sich wieder einmal mit ihrem persönlichen Feind, dem Gärtner **Perikles**, einem griechischen Sklaven aus Attika. **Cornelia** ließ Licht ins Zimmer und stellte sich vor den Wandspiegel, betrachtete mit Ärger ein paar Fältchen um ihre Mundwinkel und bleckte die Zähne, um zu prüfen, ob der künstliche Zahn, den ihr der Zahnarzt vor einem Monat eingesetzt hatte, zu erkennen war. Sie tat das jeden Morgen, und jeden Morgen stellte sie mit Erstaunen fest, dass es fast unmöglich war, ihn von den echten zu unterscheiden.

Cornelia trank zum Frühstück ein Glas Wasser, aß eine Scheibe trockenes Brot und begab sich ins Bad. Die Badewanne war leer! Erzürnt rief sie nach **Iovinia**, die fröhlich und gutgelaunt herbeigeeilt kam. „Salve, domina!" sagte sie zu ihrer Herrin, und dem vorwurfsvollen Blick **Cornelias** folgend: „Die Baupolizei war gestern Nachmittag hier und hat die Wasserzuleitung für die Wanne gesperrt, weil die Wand feucht ist. Der Schaden muß bis zu den Iden abgestellt sein."

Cornelia fasste sich an den Kopf: „Wie scheußlich! Wir hatten die Handwerker wegen des Wasserschadens erst vor zwei Monaten im Haus. Und die Rechnung war so hoch, daß Petronius Secundus eine Hypothek auf unser Haus aufnehmen wollte."
Aber das war nur ein Scherz.

Cornelias Vater war ein reicher Senator. **Iovinia** zuckte desinteressiert die Schultern und wartete auf die Anweisungen ihrer Herrin.

Neuester Klatsch

„Geh, schick mir den Masseur, wenn ich mich schon nicht mit einem Bad erfrischen kann!" sagte diese.

Dieser, ein Haussklave aus Judäa, kam eilig und knetete sie kräftig durch, denn ihr Arzt hatte ihr zur Anregung des Blutkreislaufs Massagen und wechselwarme Bäder verordnet. Der Masseur war ein neugieriger Mensch und brachte jeden Morgen den neuesten Klatsch mit. Das schätzte **Cornelia** beinahe noch mehr als seine kräftigen Hände. „Nun sag schon, was gibt es Neues!"

„Die Musiker streiken", sagte er, „sie verlangen höhere Gagen."

„Ach, wie schade", sagte **Cornelia**, „ich hatte mich auf das Platzkonzert gefreut. Es ist so lustig, wie die Bläser ihre Backen aufpusten."

Der Masseur nickte bedauernd. Dann wechselte er das Thema. „Wir hatten heute morgen schon eine komplizierte Augenoperation." Mit „wir" meinte er seinen Chef, einen Augenspezialisten.

„Das muss ja schrecklich weh tun", meinte **Cornelia**, um Mitleid zu zeigen.

„Ach wo", sagte der Masseur, „der Patient merkt gar nichts. Der Doktor gibt ihm ein künstliches Narkosemittel."

Nach der Massage ließ sie sich von **Iovinia** ankleiden und schminken. Besonders viel Zeit brauchte die Sklavin für **Cornelias** komplizierte Frisur. Endlich war sie bereit für die Ausfahrt zum Forum. Dort wollte sie ihren Freund **Gaius** treffen, den sie kennengelernt hatte, weil ihr Vater ihm eine Stelle als Stenograph beim Senat verschafft hatte. Er hatte heute seinen freien Tag. **Cornelia** bewunderte ihn, weil er schneller schreiben konnte, als die Senatoren redeten.

Neueste Nachrichten

Cornelia gehörte zu jenen Frauen, die es niemals schaffen, zu einer Verabredung rechtzeitig zu erscheinen. Und natürlich hatte sie immer einen ganzen Sack voller Ausreden. „Entschuldige, Lieber!", sagte sie heute, als sie ihn an der Normaluhr, ihrem Treffpunkt, erblickte. Er stand vor einer Tafel und las die Zeitung, die vor Kurzem erst angeklebt worden war. „Ich bin in einen Verkehrsunfall geraten. Ein Reiter ist in eine Sänfte hineingeritten. Und beide stürzten auf den Zebrastreifen. Meine Sänftenträger kamen nicht vorbei an der Unfallstelle."

„Lass nur, Cornelia!", sagte **Gaius**, „die acta diurna (Zeitung) war so interessant, dass ich gar nicht bemerkt habe, wie die Zeit verging."

Cornelia war etwas enttäuscht. „Was gibt es denn Aufregendes?", fragte sie.

„Dem Feldherrn Lucius Marco haben sie in Belgien nach einem Pfeilschuss das Bein amputieren müssen, vor einigen Stunden erst. Die Nachricht kam durch eine Brieftaube. Aber warte eine Sekunde, ich muss mal schnell verschwinden."

Gaius ging die paar Schritte zur nächsten öffentlichen Toilette. Aber er hatte Pech, denn die Klosettfrauen streikten, weil der Kaiser ihre Einnahmen versteuern wollte. **Vespasian** hatte seinem Sohn **Titus** ein Geldstück zu riechen gegeben und gesagt: „Non olet!", denn **Titus** hatte diese anrüchige Steuer getadelt.

Picknick im Grünen

Gaius zog mit **Cornelia** zum Caesarforum. „Was wollen wir unternehmen?", wollte sie wissen.

„Es gibt am Nachmittag eine Vorstellung im Colosseum."

„Das ist schön. Aber bis dahin ist es noch lange hin. Wie wäre es, wenn wir aus einem der Automatenbuffets ein paar nette Kleinigkeiten ziehen würden und uns irgendwo ein gemütliches Plätzchen suchten?"

Gaius war einverstanden. Im Caesarforum holten sie in eine scharfe Sauce eingelegte Fleischspießchen und gefüllte Datteln in Olivenöl, auf die **Cornelia** ganz versessen war. Sie waren mit pikant gewürztem, gedünstetem Fleisch gefüllt. Als Beilage erstanden sie in einer Garküche knackig geröstete Kartoffelstäbchen.

Sie suchten einen stillen Platz unter einer Zypresse – in der Nähe wurde **Gaius** auch endlich sein „Bedürfnis" los. Im Schatten war es angenehm, und sie schlürften kühle Bowle, die man ihnen in einem Eisbehälter mitgegeben hatte. Sie schmeckte nach Rosen.

„Aber es gibt doch gar keine Rosen mehr", hatte **Gaius** den Verkäufer gefragt. „Das ist auch nicht nötig", hatte dieser erwidert, „wir machen sie aus künstlichen Essenzen. Merken Sie den Unterschied?"

Gaius hatte probiert und fand die Bowle gut.

Auf dem Rasen spielten Kinder Räuber und Polizei. **Gaius** wurde sentimental und sagte: „Wie gern würde ich dich heiraten und Kinder mit dir haben."

Cornelia lächelte geschmeichelt: „Mein Vater hätte gewiss etwas dagegen. Du weißt ja, man heiratet nicht den, den man liebt. Das verstößt gegen die guten Sitten."

Das wusste **Gaius** natürlich, aber er konnte nicht behaupten, dass er mit dem gegenwärtigen Zustand zufrieden war. Verdrossen schob er sich einen Kaugummi in den Mund, um seine Zähne zu reinigen, und **Cornelia** lehnte sich an seine Brust. So saßen sie eine Weile und hingen ihren Gedanken nach. **Gaius** beruhigte sich wieder, als **Cornelia** ihnen ein Pfeifchen gestopft hatte, und so schmauchten sie genüsslich und sahen den Kindern beim Spielen zu.

Dann wurde es sehr schnell dunkel, und in der Ferne grollte der Donner. Ein tüchtiges Sommergewitter zog auf. Sie beeilten sich, in belebte Straßen zu kommen, und als der Regen losstürzte, saßen sie in einer Taverne, und **Gaius** trank verdünnten, geharzten Wein. **Cornelia** nippte an einer Limonade, denn Frauen dürfen in Schankwirtschaften keinen Alkohol trinken. Es blitzte und donnerte. „Hoffentlich schlägt kein Blitz ein!", sagte **Cornelia**, aber sie wusste natürlich, was der Wirt dazu sagen würde.

„Es sind überall Blitzableiter", sagte er wie erwartet.

Spiele für das Volk

Als der Regen aufhörte, wurde es Zeit für das Colosseum. Sie benutzten einen der 12 Aufzüge, fuhren nach oben und warteten auf den Beginn der Vorstellung. Als der Senator **Flavius** kam, der die Veranstaltung bezahlt hatte, gab er das Zeichen zum Beginn. Durch sein Monokel betrachtete er gelangweilt die Schau. Das Volk ergötzte sich an den Tierhatzen, Gladiatorenkämpfen, den Darbietungen der Tänzer, Artisten und Gaukler. Es war ein buntes Programm, und auch **Cornelia** und **Gaius** hatten ihre Freude, wenn ihnen die blutigen Kämpfe auch nicht so sehr zusagten.

Nach der Vorstellung schlenderten sie zum Stadttor an der Via Appia, setzten sich in einen Mietwagen und fuhren ein Stück weit in die Landschaft, vorbei an den Grabanlagen berühmter Familien, und als es dämmerte, kehrten sie zum Stadttor zurück. Der Kutscher prüfte am Taxameter den Fahrpreis, und **Gaius** entlohnte ihn. Inzwischen war die Straßenbeleuchtung angezündet worden. Den Rest des Weges bis zu **Cornelias** Haus legten sie in der Sänfte zurück, und **Cornelia** verabschiedete sich fröhlich von **Gaius** und dankte ihm für den schönen Tag.

Ihr Vater war bei einem Gelage, und so ließ sie sich ein paar Kleinigkeiten zubereiten, setzte sich an den Tisch und ließ sich, während sie mit Messer und Gabel den Fisch zerlegte, von **Iovinia** ein paar Lieder vorsingen, die aus ihrer Heimat stammten.

Hier kannst du vergleichen, ob du richtig kombiniert oder geraten hast. Nur dreimal wurde in dem Text „Ein Tag in Rom" gelogen.

acta diurna: Sie wurde 59 v. Chr. von **Caesar** gegründet und war eine staatliche Zeitung, die über öffentliche Angelegenheiten, Begebenheiten der kaiserlichen und führenden Familien berichtete, Familienstandsanzeigen veröffentlichte und über außergewöhnliche Ereignisse informierte. Diese Zeitung wurde von Schreibern vervielfältigt und öffentlich angeschlagen.

Aufzüge: Im Colosseum gab es Lifte, die 60 Personen auf einmal befördern konnten. Heute noch kann man die 12 Liftschächte mit den riesigen Tuffsteinblöcken, die als Gegengewichte dienten, bewundern.

Augenoperationen/Ärzte: Schwierige Staroperationen wurden im Mittelmeerraum lange vor der Entstehung des Römischen Reiches ausgeführt. Zu **Caesars** Zeiten gewannen Ärzte an Ansehen und Einfluss. Es gab zahlreiche Spezialisten: Chirurgen, Augen- und Ohrenärzte, Ärzte und Ärztinnen für Frauenleiden und Zahnärzte. Auch Apotheker gab es.

Automatenbuffets: Mit einem einfachen Drehmechanismus wurde nach Einwurf einer Münze die Ware freigegeben.

Baupolizei: Sie war in Rom besonders wichtig, denn die zahlreichen mehrgeschossigen Mietshäuser waren oft unsolide gebaut und eingestürzte Häuser an der Tagesordnung. Regelmäßige Kontrollgänge sollten Schäden rechtzeitig aufdecken.

Beinamputation: Sie waren für geübte Chirurgen überhaupt kein Problem. Man konnte sogar, wenn man zahlungskräftig war, das Unglück durch eine künstliche Beinprothese mildern.

Blitzableiter: Er wurde um 1300 v. Chr. in Ägypten erfunden und war im Altertum überall verbreitet. **Livius** berichtet, dass **Tullus Hostilius**, der dritte römische König, neben einem B. vom Blitz erschlagen wurde, denn die B. der Antike hatten keine Erdung.

Blutkreislauf: Überliefert ist, dass schon der Leibarzt des Königs **Seleukis** um 300 v. Chr. ihn beschrieben hat.

Brieftauben: Die Römer konnten Nachrichten unter günstigen Bedingungen schnell über große Strecken mit Hilfe von dressierten Tauben oder Schwalben übermitteln. Reitende Boten (Haussklaven) schafften in der Regel 80 Kilometer am Tag. Private Postsendungen wurden durch Haussklaven befördert. Die staatliche Post beförderte keine Privatsendungen.

Eisbehälter: Zur Kühlung wurde fast das ganze Jahr über Eis in Blöcken aus den Hochtälern nach Rom geholt und von Straßenhändlern in die Häuser verkauft. In Eisschränken hielt sich die verderbliche Ware lange frisch.

Essen und Trinken: Die Römer kannten drei regelmäßige Mahlzeiten:

– **ientaculum** (Frühstück): Meist trank man nur ein Glas Wasser und aß ein Stück Brot.

– **prandium** (Mittagessen): Man aß ein wenig von kalten Speisen bzw. Resten vom Vortag.

– **cena** (Abendessen): Dies war die Hauptmahlzeit. Bei den reicheren Römern bestand sie aus mehreren Gängen.

Bekannt sind die verschwenderischen Gastmähler der Oberschicht. Die Teilnehmer lagen zu Tisch, stützten sich auf den linken Arm und speisten mit der rechten Hand. Essbestecke kannten die Römer nicht, lediglich Löffel für flüssige Speisen.

Frauen in der Öffentlichkeit: Anders als die Frauen Griechenlands durfte sich die Römerin außer Haus aufhalten (aber keinen Alkohol trinken) und auch ohne Begleitung ihres Mannes an religiösen Feiern teilnehmen. Politische Rechte besaß sie nicht.

Heirat: Heiraten waren Verträge zwischen Eltern; Kinder hatten in der Regel kein Mitbestimmungsrecht. Man heiratete innerhalb seines Standes.

Die Ehegesetze des **Augustus** machten es Männern und Frauen der führenden Schichten zur Pflicht, eine Ehe einzugehen. Darüber hinaus bestand keine Verpflichtung zur ehelichen Treue.

Hypothek: Das Bankwesen in Rom war sehr modern. Große Bankhäuser hatten Filialen in allen Teilen des Reiches. Sie wurden als Sparkassen gebraucht, man konnte mit ihrer Hilfe bargeldlos durch Schecks und Überweisungen zahlen. Sie gaben Kredite und Hypotheken.

Kartoffelstäbchen: In der alten Welt wurde die Kartoffel erst durch die Reisen des **Kolumbus** nach Amerika bekannt.

Kaugummi: Wie die Kartoffel stammt der Rohstoff Chiclegummi aus Amerika. Es ist ein eingedickter Milchsaft des Sapotillbaumes (Sapote). Heute verwendet man in der Regel Polyvenilchlorid.

Künstliche Essenzen: Durch **Apicius**, einen Zeitgenossen des Kaisers **Tiberius**, der ein Kochbuch schrieb, ist uns überliefert, dass die Römer Rosenbowle aus künstlichen Essenzen herstellen konnten.

Künstliche Zähne: Das Einsetzen künstlicher Zähne beherrschten schon die Etrusker, auch ganze künstliche Gebisse wussten sie herzustellen. Auch in den Tafelgesetzen der Römer (471 v. Chr.) werden schon mit Golddraht befestigte Zähne erwähnt.

Massage: Der griechische Arzt **Hippokrates** empfahl um 400 v. Chr. zur Ankurbelung des Blutkreislaufs Massagen. Durch griechische Ärzte gelangte das Wissen der alten Kulturen an die Römer.

Monokel: Brillen kannten die Römer nicht, aber reiche Leute konnten sich entsprechend geschliffene Edelsteine leisten. Von Kaiser **Nero** ist überliefert, dass er einen geschliffenen Smaragd als Monokel trug.

Narkose: Man benutzte Mandragora, Bilsenkraut und Opium, also Alkaloide, die eine betäubende Wirkung haben.

Normaluhr: Es handelt sich um eine Sonnenuhr, auf deren Spitze sich sogar noch ein Windanzeiger befand.

Pfeife: Tatsächlich wurden in römischen Gräbern Tonpfeifen als Grabbeigaben gefunden. Welches Kraut sie geraucht haben, ist aber nicht bekannt (Tabak stammt aus Amerika).

Räuber und Polizei (Gendarm): Viele bekannte und beliebte Kinderspiele kannten schon die Römer. Dazu gehören zum Beispiel: „Blindekuh", „Dritten abschlagen" und „Der Plumpsack geht rum".

Stenographie: Der Erfinder der S. war **Ciceros** freigelassener Sklave **Tiro** im Jahre 63 v. Chr. Bezeugt ist, dass er die Rede **Catos** gegen **Catilina** im Senat mitstenographieren ließ.

Straßenbeleuchtung: Sie bestand aus Öllampen und Kienfackeln.

Straßenverkehr: Beräderte Fahrzeuge durften in Rom nur nachts verkehren. Von diesem Verbot ausgenommen waren lediglich der Kaiser und hohe Beamte mit Sondererlaubnis. Der Mietwagenverkehr endete tags an den Stadttoren.

Streiks: Von einem Streik der Musiker wird schon 311 v. Chr. berichtet, auch der Streik der Klosettfrauen zur Kaiserzeit ist überliefert.

Taxameter: Über einen mit der Achse verbundenen Apparat wurde über eine Schneckenwindung ein Steinchen befördert, das nach einer römischen Meile mit einem hörbaren Ton in ein Bronzegefäß fiel.

Wandspiegel: Die Spiegel der Römer bestanden aus einem dunklen Glas. Handspiegel waren aus polierter Bronze.

Wasserleitung: Das Wasser wurde über Aquaedukte aus den Bergen nach Rom geleitet. Ein Verteilersystem brachte es zu öffentlichen Zapfstellen. Reiche Leute ließen sich eine Bleirohrleitung ins Haus legen. Dafür war eine Nutzungsgebühr zu zahlen.

Wechselwarme Bäder: Der Arzt **Asklepiades** von Prusa, ein Freund **Ciceros**, empfahl sie zur Ankurbelung des Blutkreislaufs um 100 v. Chr.

Zebrastreifen: Unseren Z. vergleichbare, erhöht gelegte Trittsteine erleichterten den Fußgängern den Übergang zur anderen Straßenseite und zwangen Wagen und Tiere zu einer herabgesetzten Geschwindigkeit.

„Morgen kommt der Weihnachtsmann"

Wünsche und Geschenke als kulturgeschichtliche Quellen

Will man erfahren, wonach in der neueren Zeit „den Menschen der Sinn steht", betrachte man die weihnachtlichen Gabentische. Vier Fassungen des Liedes machen deutlich, wie zeittypisch herrschende Vorstellungen in Weihnachtsgeschenken Gestalt annehmen.

Wolfgang Bickel

Die Tatsache, dass die Originalfassung des Liedes, die durchgängig als Dokument martialischen Denkens betrachtet wird, dem Biedermeier angehört, zeigt, dass vorschnelle Schlüsse vermieden werden müssen. Hierzu gehört auch die Generalisierung hinsichtlich des Personenkreises; es ist nämlich bei der Betrachtung von Darstellungen des Weihnachtsfestes zu berücksichtigen, dass sie nahezu durchgängig städtischen Ursprungs sind. Wenn sie trotzdem als wichtige Quellen für den herrschenden Zeitgeist betrachtet werden, dann nur unter Berücksichtigung der Tatsache, dass dieser Personenkreis in hohem Maße das Bewusstsein bestimmte und im Sinne des Stadt-Land-Gefälles an der Spitze der Entwicklung sich befand (**M 1–2**).

Zur Vorgeschichte der Weihnachtsgeschenke

Gebäck, Äpfel, kleines Spielzeug, Bekleidung – das war die Üppigkeit der Weihnachtstische über lange Zeit. Entscheidend für den Charakter des Festes waren spezifische Bräuche, zu denen neben den kirchlichen auch außerkirchliche gehörten. Ihre Konzentration auf Gabentisch und Lichterbaum ist verhältnismäßig jung, wie denn überhaupt der reich bestückte Gabentisch auf dem Lande erst um 1900 aufkam. Eine wichtige Rolle für die Entwicklung des städtischen Weihnachtsfestes spielten seit dem 16. Jahrhundert die Weihnachtsmärkte, später die Spielzeuggeschäfte. Die Kataloge der Spielzeugverleger und -hersteller zeigen das Zusammenspiel von Erwartungen und Angeboten.

Spielzeug als kulturgeschichtliches Quellenmaterial

Betrachtet man Spielzeug unter diesem Gesichtspunkt, dann ist die gängige Einschätzung des Spielzeugs als bewusst gewähltes pädagogisches Instrumentarium im Sozialisierungsprozess zu erweitern. Zwei Schlüssel zum vertieften Verständnis bieten sich hierbei an, der „familiäre" und der „allgemein menschliche Schlüssel": Der „familiäre" geht von der Modifikation der pädagogischen Erfahrung aus, nach der Kinder nicht so werden, wie ihre Eltern es wünschen, sondern so, wie diese insgeheim sind. Der „allgemein menschliche Schlüssel" (fast ein „Generalschlüssel") sieht im angeborenen Spielverhalten eine Simulation von Lebenssituationen, zu der es auf Grund ebenso angeborener Reaktionstendenzen kommt.

Was gewünscht und geschenkt wird, ist stärker durch die Epoche bestimmt, als es dem „Verstandesmenschen" lieb ist. Auch für das Spielzeug unterm Weihnachtsbaum gilt **Goethes** Feststellung, nach der die Menschen als Organe ihres Jahrhunderts anzusehen sind, die sich meist unbewusst bewegen (Maximen und Reflexionen). Darauf aber beruht die Bedeutung des Spielzeugs als mentalitätsgeschichtliche Quelle, die es ermöglicht, die innige Durchdringung unbewusster und bewusster, rationaler und irrationaler, realistischer und phantastischer Anteile in den Wünschen und Geschenken wahrzunehmen.

Einblick in die Kräfte der Zeit

Unter diesen Voraussetzungen erschließt sich die Welt der Spiele als Landschaft, in der in besonderer Weise die nicht bewussten oder uneingestandenen irrationalen Anteile der sogenannten Erwachsenenwelt dinglich in Erscheinung treten. Dies ist nicht zuletzt eine Folge der durch den Anlass verstärkten emotionalen Aufladung. So verwundert es nicht, im Biedermeier-Weihnachtslied neben dem Wunsch nach einem Bauernhof den nach einem Kriegerheer zu finden (**M 3**).

Vergleichbare Verbindungen von Realistischem und Fantastischem, von Vergangenheitsbeschwörung und utopischer Antizipation finden sich heute in Fülle, sie beherrschen die Computerspiele und u. a. die Raumfahrt-Bauprogramme von LEGO.

Fliegerbomben im Dutzend, Zerstörung inklusive! Werbeanzeige aus dem Katalog eines Spielwarenherstellers, Ende der 1930er Jahre
Foto: Wolfgang Bickel

Methodische Umsetzung

Die Themen „Weihnachtswünsche" und „Weihnachtsgeschenke" können als Spurensuche nach den Kräften der Epoche entfaltet werden. Dabei ist das Arbeitsblatt für die Schülerinnen und Schüler so gestaltet, dass mit der Aufgabe, eine moderne Fassung des Weihnachtsliedes „Morgen kommt der Weihnachtsmann..." zu schreiben (**M 6**), die Gegenwart als Mittelpunkt des Erkenntnisinteresses erscheint. Wer sich darauf einlässt, seine eigenen Wünsche distanziert und genau zu betrachten, erfährt etwas über sich und seine Eingebundenheit in die herrschenden Vorstellungswelten.

M | 1 Weihnachtswünsche

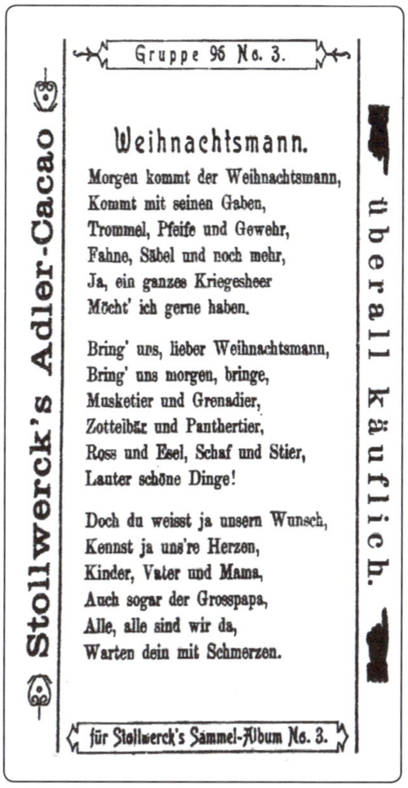

Ein Sammelbild um 1900 mit der aktuellen Fassung des Weihnachtsliedes

Fotos: Wolfgang Bickel

M | 2 Ein Weihnachtslied

„Morgen, Kinder, wird's was geben,
morgen werden wir uns freu'n!
Welch ein Jubel, welch ein Leben
wird in unserm Hause sein!
Einmal werden wir noch wach,
heißa, dann ist Weihnachtstag!

Wie wird dann die Stube glänzen
von der großen Lichterzahl!
Schöner als bei frohen Tänzen
ein geputzter Kronensaal.
Wißt ihr noch, wie vor'ges Jahr
es am Heil'gen Abend war?

Wißt ihr noch mein Räderpferdchen,
Malchens nette Schäferin,
Jettchens Küche mit dem Herdchen
und dem blankgeputzten Zinn?
Heinrichs bunten Harlekin
mit der gelben Violin?

Welch ein schöner Tag ist morgen!
Viele Freude hoffen wir;
unsre lieben Eltern sorgen
lange, lange schon dafür.
O gewiß, wer sie nicht ehrt,
ist der ganzen Lust nicht wert."

Quelle: „Morgen, Kinder, wird's was geben..." von Philipp von Bartsch (1770–1833)

M | 3 „Morgen kommt der Weihnachtsmann" I

„Morgen kommt der Weihnachtsmann,
kommt mit seinen Gaben.
Trommel, Pfeifen und Gewehr,
Fahn' und Säbel und noch mehr,
ja, ein ganzes Kriegesheer
möcht' ich gerne haben.

Bring uns, lieber Weihnachtsmann,
bring auch morgen, bringe
einen Stall mit viel Getier,
Zottelbär und Panthertier,
Roß und Esel, Schaf und Stier,
lauter schöne Dinge.

Doch du weißt ja unsern Wunsch,
kennst ja unsre Herzen.
Kinder, Vater und Mama,
auch sogar der Großpapa,
alle, alle sind wir da,
warten dein mit Schmerzen."

Quelle: Ursprüngliche Fassung um 1835 von Heinrich Hoffmann von Fallersleben (1798–1874)

M | 4 „Morgen kommt der Weihnachtsmann" II

„Morgen kommt der Weihnachtsmann,
kommt mit seinen Gaben.
Bunte Lichter, Silberzier,
Kind mit Krippe, Schaf und Stier,
Zottelbär und Panthertier
möcht' ich gerne haben.

Bring uns, lieber Weihnachtsmann,
bring auch morgen, bringe
eine schöne Eisenbahn,
Bauernhof mit Huhn und Hahn,
einen Pfefferkuchenmann,
lauter schöne Dinge.

Doch du weißt ja unsern Wunsch,
kennst ja unsre Herzen.
Kinder, Vater und Mama,
auch sogar der Großpapa,
alle, alle sind wir da,
warten dein mit Schmerzen."

Quelle: Fassung von 1982. In: I. Weber-Kellermann, Das Buch der Weihnachtslieder. Mainz 5 1988, S. 248 ff.

M | 5 „Morgen kommt der Weihnachtsmann" III

„Morgen kommt der Weihnachtsmann,
kommt mit seinen Gaben:
Goldnes Armband, goldne Clips,
Socken, Oberhemden, Schlips,
Schnäpschen, Bierchen, Weihnachtsschwips
Will man schließlich haben..."

Quelle: Jahr der Entstehung und Verfasser unbekannt. In: I. Weber-Kellermann, a.a.O.

M | 6 „Morgen kommt der ..." (IV) Schreibe eine aktuelle Fassung:

____

____

____

____

____

____

____

____

____

____

____

____

____

____

____

____

____

AUTOREN

Reinhard Bein und Markus Bernhardt
Wolfgang Bickel
Eberhard Bolay
Rainer Brieske
Katja Bühler und Sabrina Willmann
Tina Dietz
Alexandra Gotschy-Weithmann und Hubert Roser
Waldemar Grosch
Oliver Großmann
Wolfgang Hammer
Loreen Heier
Friedhelm Heitmann
Norbert Jung
Dirk Lange
Eva Maria und Wilhelm Lienert
Martin Mattheis
Georg Mondwurf
Uwe Peters
Ingeborg Schüler
Amrei und Nils Stupperich
Holger Viereck
Birgit Weitz

IMPRESSUM

Praxis Geschichte EXTRA
Materialien für den Geschichts-unterricht in der Sek I/II

Herausgeber und Verlag:
Bildungshaus Schulbuchverlage
Westermann Schroedel Diesterweg
Schöningh Winklers GmbH
Georg-Westermann-Allee 66
38104 Braunschweig
Tel.: 05 31/7 08-0
http://www.westermann.de

Redaktion:
Katharina Gudladt, Wolfenbüttel
Dr. Florian Cebulla
Tel.: 0531/708-383
E-Mail: pgs@westermann.de

Herstellung:
layout + typographie,
Christoph Breig, Hannover

Redaktionsleitung:
Bernd Bredemeyer

LESERSERVICE
Sie wollen ein Heft bestellen oder sich über Praxis Geschichte informieren? Wir helfen Ihnen gerne:
Tel.: 0531 708-8631
Fax: 0531 708-8340
E-Mail: abo-bestellung@westermann.de

Vertrieb (Großbestellungen o.Ä.):
Karin Pusz
Tel.: 05 31/7 08-83 06
Fax: 05 31/7 08-87 83 06
E-Mail:
karin.pusz@bms-verlage.de

Gesamtherstellung:
westermann druck GmbH
Georg-Westermann-Allee 66
38104 Braunschweig
Tel.: 05 31/7 08-0,
Fax: 05 31/79 65 69

ISBN:
978-3-14-161041-3
Preis: **14,95 €**

Abonnentinnen und Abonnenten einer Westermann-Fachzeitschrift erhalten 30% Rabatt auf diesen Artikel.

Alle Preise zuzüglich Versandkosten.

LESERSERVICE

Für Informationen und Fragen rund um Ihre Bestellung oder Ihr Abonnement:
Tel.: (05 31) 7 08 - 86 31
Fax: (05 31) 6 17
E-Mail: abo-bestellung@westermann.de

9 783141 610413